주린이
경제 지식

SHINPAN AMERICA NO KOKOSEI GA YONDEIRU KEIZAI NO KYOKASHO
by Masato Ogawa
Copyright © Masato Ogawa 2018
All rights reserved.
Original Japanese edition published by FOREST Publishing, Co., Ltd., Tokyo.
This Korean edition is published by arrangement with FOREST Publishing, Co., Ltd.,
Tokyo in care of Tuttle-Mori Agency, Inc., Tokyo through Imprima Korea Agency, Seoul.

미국 고등학생이 보는 경제교과서

주린이
경제 지식

오가와 마사토 지음 · 오시연 옮김 · 이혜경 감수

이레미디어

'경제맹' 양산하는
한국의 경제교육

"조카야, 학교에서 경제 과목을 배우고 있니?"

"경제는 선택과목인데요, 저는 선택 안 했어요."

"왜?"

"재미없을 것 같아서요. 그래프도 막 나오고 해서 어려워 보이던데요."

"경제 선택한 친구들은 경제 과목이 어떻다고 하니?"

"재미없고 어렵대요."

"너도 이제 곧 어른이 되면 경제생활을 하게 되잖아. 학교 수업과는 별도로 경제를 배워야겠다는 생각을 해본 적 있어?"

"살아가는 데 필요하니까 배우긴 해야겠다, 요 정도로 그냥 막

연하게만 생각해봤죠, 뭐."

이상은 필자가 학교에서 받은 경제교육에 대해 2020년 현재 고등학교 3학년인 조카와 나눈 대화였다.

그런데 조사를 해보니 학교 정규 교육과정에서 경제 과목을 좋아하지 않거나 어렵다고 생각하는 학생은 필자의 조카만이 아니었다. 학교와 대학수학능력시험(이하 수능시험)에서 경제 과목을 선택하는 학생 수가 급격하게 감소하는 추세이기 때문이다. 한국교육통계연감편찬위원회 자료에 의하면, 지난 2005년부터 2016년까지 수능시험에서 경제를 선택한 학생 수는 해마다 줄어들고 있다(표 1 참고). 교사나 학생들이 경제 과목이 어렵다고 느끼다 보니 경제 과목을 선택하면 수능시험에서 불리하다고 생각해서 나타난 결과다.

[표 1] 고등학교 및 대학수학능력시험에서 경제과목 선택 학생 수

연도	경제 선택 학생(명)	비율	수능 선택 학생(명)	비율(%)	선택가능 과목 수
2005	104,732	18.2	88,485	24.9	4
2008	122,478	20.2	84,239	26.6	4
2009	128,682	19.9	80,559	24.6	4

2010	119,540	18.4	84,837	22.8	4
2011	104,325	16.4	75,372	19.4	4
2012	88,347	13.9	41,728	11.3	3
2013	-	-	32,701	8.7	3
2014	-	-	13,420	3.6	2
2015	-	-	9,089	2.5	2
2016	-	-	8,226	2.9	2

자료: 한국교육통계연감편찬위원회(2017)

우리나라 정규 교육과정에서 경제 과목은 왜 재미없고 어려운 과목으로 인식되고 있을까? 최종민 전북대학교 일반사회교육과 교수는 그 이유에 대해 경제적 사고력을 배양하여 경제문제 해결력을 키우는데 경제교육의 목표가 있어야 함에도, 우리나라 교육에서는 대학의 '경제학원론'에 따라 학교 교과과정을 구성했기 때문[*]이라고 설명한다. 미국에서는 2008년 금융위기가 발단되어 '경제학교육'에 관한 수많은 이야기가 오갔다. 경제교육 분야의 많은 연구자가 '폐쇄적'인 '경제학교육'에서 벗어나 상이한 시각과 다양한 방법으로 '경제교육'을 해야 한다[**]는 주장을

[*] 최종민, '경제교육의 정체성과 문제점', 〈경제교육연구〉 제26권(2019년)
[**] 안현효, '탈자폐경제학과 대안적 경제교육 교육과정-다원주의 접근의 사례분석', 〈경제교육연구〉 제13권(2013년)

내놓았다고 한다.

현재 미국에서는 민간 기구인 미국 경제교육협의회 CEE가 유치원생부터 대학생까지 모든 학생을 대상으로 하는 실용적인 경제교육 가이드라인을 제시하고 있다. 하지만 우리나라에서는 아직도 실제 생활과 밀접한 경제교육이 아닌 경제학교육을 하고 있는 것이 현실이다.

최종민 교수는 중고등학교에서 경제교육의 중요성을 등한시하고 있다는 점을 지적하며 정규교육에서 이 문제를 중점적으로 해결해야 한다고 분석했다. 그리고 이 문제의 주된 원인을 세 가지로 정도로 요약했는데, 내용은 다음과 같다. 첫 번째는 소화하기 어려울 정도의 과도한 학습량이다. 학습내용이 중학교 3학년 과정에만 지나치게 기울어져 있어 한 학기에 전부 배우기 어렵다는 점이다. 두 번째는 교육자와 학습자 모두 '경제'를 어려운 것으로 생각하고 있다는 것이다. 세 번째는 EBS 교재와 연계 출제되는 수능시험의 한계를 꼽았다. 위의 이유로 인해 고등학교에서, 또는 수능시험에서 '경제'를 선택과목으로 하는 학생이 눈에 띄게 줄고 있다고 밝혔다.

최 교수는 우리나라 정규교육과정에서 경제교육은 거의 실패했다고 말할 수 있을 정도로 교육의 의미가 퇴색되었고, 따라서 모두를 '경제맹인(경맹)'의 범주에서 배제할 수 없다고 냉정하게 진단한다.

학교 내 경제교육 여건은 우울한 상황이지만, 그나마 다행인 것은 학교 밖에서 접할 수 있는 경제교육이 대안을 제시하고 있다는 점이다. 최 교수가 2019년에 발표한 논문 '경제교육의 정체성과 문제점'에 따르면, 2019년 기준 민간경제교육단체는 총 36곳으로 이 가운데 27곳이 어린이나 청소년을 대상으로 경제교육을 시행한다. 대부분의 민간경제교육단체는 온·오프라인 교육을 함께 실시하며 온라인의 경우 웹과 모바일로 콘텐츠를 제공한다. 어린이나 청소년을 대상으로 하는 민간경제교육단체는 자체 개발한 프로그램이나 교재 및 보조자료 활용, 학교 방문 교육, 체험형 경제캠프 운영 등을 하는 것으로 조사됐다.

최 교수는 논문에서 정규교육 밖에서 이루어지는 경제교육은 실생활에서 일어나는 경제 상황 위주의 콘텐츠를 중점적으로 다루며 젊은 세대의 흥미를 돋울 수 있도록 웹툰이나 카드뉴스 또는 동영상 등으로 다채롭게 제공하는 덕분에 교과과정에서 부족한 양의 '경제교육'이 보충되고 있다고 평가했다.

학교 밖 민간 경제교육이 나름 역할을 하게 된 데에는 우리나라에서도 한때 경제교육 열풍이 불던 시기가 있었기 때문이다.

1997년 외환위기, 2008년 금융위기 등을 거치면서 우리 사회가 실제적인 경제 지식 필요성을 뼈저리게 느껴서였다. 이에 경제교육지원법이 제정되고 민간 경제교육 단체들도 늘어나게 되었다. 그런데 잘 나가던 경제교육 열풍에 찬물을 끼얹는 사건이 벌어지고 만다. 민간의 경제교육을 주도하던 경제교육 주관기관 '한국경제교육협회'가 2014년에 정부의 지원금 36억 원을 횡령하는 불미스러운 사고를 내면서 정부의 지원을 받아 경제교육 주관기관을 운영하는 제도가 그만 폐지되고 만 것이다.

이에 경제교육 실행 주체가 사라지며 현재 국내 민간 경제교육은 열풍이 불던 시절에 비해 다소 주춤해진 상태다. 미국의 경우 경제교육 주관 민간기구인 CEE가 경제교육을 이끌고 있지만, 한국은 현재 정부에서 주도하고 있다. 그래서 우리나라의 경제교육은 학교 교과과정이 주된 통로가 되고 있다. 앞에서도 확인했지만, 입시 위주 교육현장 사정으로 학교의 경제교육은 제대로 이루어지고 있다고 보기는 어려운 형편이다.

실생활과 거리가 있으며 딱딱하고 재미없는 경제학 중심 교육은 정말 아무런 의미가 없을까? 꼭 그런 것만은 아닌 것 같다. 학교의 경제교육이 이론 위주라고 하지만 그 정도라도 공부했으면 다행이라는 연구 결과가 있어서다. 박상은 대구미래교육연구원

교육정책연구부 연구원이 2020년에 발표한 논문에 의하면, 고등학교에서 심화 과정이라 볼 수 있는 '경제교과를 심화 선택과목으로 수강하기', '경제 분야의 동아리 활동하기', '과제연구나 소인수 선택과목 등의 주제를 경제로 정하기' 같은 형태로 학생들이 경제교육을 경험하면 가정과 학교에서 받는 영향과는 별개로 경제 이해력이 향상된다[*]고 한다. 특히 경제교육 형태가 어떤 것이든 상관없이 교육 효과는 대체로 동일한 것으로 확인되었다는 설명이다. 어떤 방식이든 경제를 배우고 익히면 학생들에게 도움이 되었다는 얘기다.

갈수록 경제를 모르면 살기 힘들어지는 시대가 되고 있다. 경제는 이제 알아두면 좋은 수준을 지나, 생존능력 차원에서 필요한 지식으로 바뀌어 가고 있다고 봐야 한다. 이에 경제교육이 이론에서 벗어나 실용적으로 변해야 한다는 필요성은 이미 세계적인 움직임으로 나타나고 있다. 경제협력개발기구 산하의 금융교육 국제 네트워크OECD INFE에서는 "금융교육의 목표는 금융이해력이나 금융 지식을 넘어서 금융역량을 함양하는 것"이라고 발

• 　박상은, '고등학생의 경제이해력에 대한 학교 효과 연구', 〈경제교육연구〉, 제27권(2020년)

표하기도 했다.

하지만 우리나라에서는 경제교육이 아직 제대로 자리 잡지 못하고 있어서인지 경제 지식, 특히 실생활과 더욱 관련도가 높은 금융 관련 지식에서 국민들의 이해도는 상당히 취약한 형편이다. 금융감독원과 한국은행이 지난 2019년 1월에 발표한 '2018 전 국민 금융 이해력 조사' 결과에 의하면, 만 18~79세인 우리나라 국민의 금융 이해력은 100점 만점에 62.2점에 불과했다. 이는 OECD 16개 회원국 평균인 64.9점보다 낮은 수치다. 조사 결과를 더 세부적으로 보면, 한국인의 금융 지식은 65.7점으로 OECD 평균인 69.1점보다 낮게 나타났다. 또 금융 행위 점수는 59.9점으로 OECD 평균인 61.3점보다 낮았고, 금융 태도 점수도 61.3점으로 OECD 평균인 65.6점에 미치지 못했다. 금융감독원과 한국은행은 이처럼 우리나라 성인의 금융이해력이 전반적으로 OECD 평균에 미치지 못하는 것으로 나타난 만큼 향후 경제·금융교육을 강화할 필요가 있다고 보고 있다. 특히 저소득층과 노년층 등에 대한 경제·금융교육을 강화하고, 소비 중시 경향 등을 보이는 청년층이 올바른 금융 가치관을 형성할 수 있도록 관련 교육을 강화해야 한다는 방침이다.

문제는 우리 국민에 대한 경제·금융교육을 어떻게 강화할 것이냐가 될 것이다. 현행 학교 정규 교육과정 경제교육만 놓고 생각해본다면, 문제점을 해결할 수 있는 대안으로 박형준 성신여자대학교 사회교육과 교수는 '경제교육 총량 이슈제' 도입을 제안한다. '경제 교과 수업 시간'이나 '창의적 체험활동'에서 또는 '중학교 자유학년제(주제선택 활동)'나 '교양 시간', '봉사 시간', '견학 프로그램', '외부에서 진행하는 캠프' 등 어떤 형태로든 관계없이 재학 중에 의무적으로 경제를 공부하게 하자[*]는 내용이다. 수업 시수를 늘리는 것은 쉽지 않으니 다양한 형태의 경제교육을 받을 수 있도록 하자는 것이다. 검토해볼 만한 아이디어 같다.

끝으로, 기획재정부와 한국개발연구원KDI에서 발표한 '생애주기별 핵심 경제역량(표 2)'을 소개한다. 독자 여러분 각자가 해당 시기에 알맞은 경제역량을 지니고 있는지 판단해 보자.

감수자 이혜경

---

[*] 박형준, '경제교육지원법: 지난 10년의 변화와 개선 방향', 〈경제교육연구〉, 제27권(2020년)

[표 2] 생애주기별 핵심 경제역량

핵심경제역량	의미	생애주기별 경제교육 핵심 내용				
		아동기	청소년기	청년기	장년기	노년기
소비(지출)관리 역량	자신의 경제 상황을 신중하고 합리적으로 소비(지출)하며, 다양한 지불 수단의 장·단점을 이해하고 활용할 수 있는 능력	4	4	2	1	
자산 관리 역량	노동 등을 통해 소득을 관리하고, 금융상품에 대한 이해를 바탕으로 자신에게 적합한 포트폴리오를 구성하며, 부채와 신용을 적절하게 관리할 수 있는 능력	5	4	6	5	4
진로 탐색 역량	자신의 진로를 탐색하여 설계하고, 자신의 적성과 비교우위에 맞는 직업을 선택할 수 있는 능력		2	1		
위기 관리 역량	자신에게 닥친 위험에 대비하고, 자신의 경제적 권리를 정당하게 행사하며 권리를 침해당했을 때 적극적으로 대응할 수 있는 능력		2	1		3
변화 대응 역량	자신의 경제생활에 영향을 줄 수 있는 정부 정책, 법, 제도, 경제 여건 변화에 능동적으로 대처하고, 관련 정보를 수집하여 활용할 수 있는 능력			5	4	3
노후 대비 역량	노후 대비의 중요성을 인식하고, 노후 대비 계획을 수립 및 실천하며, 관련 제도를 이해하고 활용할 수 있는 능력			1	1	2
합계		9	12	16	11	12

자료: 김주훈 외, '생애주기별 핵심 경제역량 연구: 경제교육 수요자의 의견을 중심으로', 기획재정부&한국개발연구원(2017년)

차례

주린이라면 꼭 알아야 하는
경제 기초 지식

제1장

부자를 만드는 복리의 힘
-가계 경제 지식-

제 2 장

기업은 소비자의 만족을 먹고 자란다

-기업 경제 지식-

이자와 신용도, 떼려야 뗄 수 없는 관계
-금융 경제 지식-

정부의 정책에 따라 국민의 생활 수준이 달라진다?!
-정부 경제 지식-

제 5 장

국제적 분업으로 세계가 풍요로워진다
-무역과 환율 경제 지식-

왜 미국의 경제교과서는
쉽고 재밌을까?

내가 처음으로 경제학을 배운 곳은 일본의 대학에서였다. 당시에는 수업 내용이 어려운 정도가 아니라 아예 이해할 수가 없었다. 그런데 미국에서 경제학 Economics과 경제교육 Economic/Economics Education을 배우자 신기하게도 머리에 그 내용이 쏙쏙 들어왔다. 일본에서는 분명 낙제생이었던 내가 미국의 공립고등학교 사회과 교수로 경제학을 가르치고 대학에서 경제교육 담당 교원으로 일하기까지 했다.

일본에서 배운 경제학과 미국에서 배운 경제학이 어떻게 달랐기에 그런 것일까? 아마도 경제학을 가르칠 때, '경제학의 기초 Key Economics Concepts'라는 개념을 차근차근 밟아나간 점에서부터 차이가 난 것 같다.

예를 들어 '기본적인 경제문제' 중 하나로 '희소성 Scarcity'이라는 개념이 있다. 희소성이란 자원은 한정되어 있지만, 인간의 욕망 Human Wants은 한정된 자원보다 항상 더 크다는 개념이며 모든 사회 Society가 직면한 문제다. 일본의 경제학 교과서에는 가볍게 지나치는 내용이지만, 이 기본적인 경제문제 '희소성'에 관해 우리 사회는 다음 3가지 문제를 고찰해야 한다.

1. What …… 어떤 상품과 서비스가 생산·제공되어야 하는가?
2. How …… 어떻게 상품과 서비스가 생산·제공되어야 하는가?
3. Who …… 누가 그 상품과 서비스를 소비·제공해야 하는가?

사회는 이 3가지 희소성에 따른 기본적인 경제문제의 답이 무엇인지 계속 생각해야 하고 선택 Choice해야 한다. 참고로 경제학에서 'Goods and Service'는 '재화와 서비스'라고 번역하는 경우가 많은데, 이 책에서는 알기 쉽게 '상품과 서비스'라고 하겠다.

위의 경제문제는 각 사회가 어떤 식으로 돌아가야 하는지 존재 방식을 생각하는 것이다. 또 초·중학교에서 배우는 사회 과목 Social Studies을 이해하게 도와주는 중요한 내용이기도 하다. 내가 8년간 살았던 미국 중서부 인디애나주는 중학교 2학년(K-8) 사회 과목에서 이 개념을 다룬다.

3가지 경제문제('어떤 상품과 서비스가 요구되며_{What}' '어떻게 생산하여_{How}' '누구에게 판매해야 하는가_{Who}')는 경영자, 기업가_{Entrepreneur}에 관한 학문인 경영학과도 관련이 있다.

경영자라면 이런 기본적 경제문제를 언제나 염두에 두어야 한다. 미국 대학에는 기본적 경제문제의 응용단계를 다루는 '기업가 교육'이라는 강좌도 있다. 일본 대학에서는 대체로 경제학과 경영학이 학부가 달라서인지 완전히 별개로 취급하지만, 미국에서는 경제학과 경영학이 자연스럽게 이어져 있다.

일본에서는 기업가(창업가)를 마치 일확천금을 노리는 사람 정도로 인식하곤 한다. 하지만 본래 기업가는 경제활동의 최전선에서 '희소성'으로 인해 나타나는 경제문제를 다루는 사람이다. '희소성'에 따른 기본적 경제문제라는 관점에서 살펴보면 우리 사회와 경제학을 좀 더 깊이 이해할 수 있지 않을까? 자세한 내용은 다음 장에서 살펴보려고 한다.

희소성은 근대경제학의 출발점이다. 미국 경제교육의 실질적 가이드라인인 미국 경제교육협의회_{CEE, Council for Economic Education}의 〈경제학의 임의의 전국 공통 학습 내용 기준〉에 수록된 20개 항목 중 가장 처음에 나올 정도로 중요하다.

CEE의 기준에서는 '생산자원은 한정되어 있다. 따라서 사람들은 자신이 원하는 모든 상품을 손에 넣을 수 없다. 그러므로 사람들은 어느 하나를 선택하면 다른 하나를 포기해야 한다'고 말한다.

경제학을 희소성의 학문이라고 전제하면 수월하게 이해할 수 있다. 또 '〈희소성〉에 따른 기본적 경제문제'와 함께 '그렇다면 선택이란 무엇인가?'를 생각해야 하는데, 그러려면 '6가지 핵심The Six Core 경제원칙Economic Principles'이라는 원칙을 이해해야 한다.

교사들은 먼저 이 원칙을 이해하고 학생들에게 가르친다. 6가지 경제원칙은 다음과 같다.

1. 사람들은 선택한다 …… 희소성과 선택

2. 모든 선택에는 비용이 든다 …… 효용과 비용

3. 사람들은 인센티브(경제적 유인)에 반응한다 …… 인센티브 Incentive

4. 경제 시스템은 개인의 선택과 인센티브에 영향을 미친다 …… 규칙 Rule

5. 자발적 거래가 부를 창출한다 …… 자발적 거래 Voluntary Trade가 선택지를 넓힌다

6. 선택한 결과는 미래에 확산된다 …… 의사결정이 장래에 영향을 미친다

경제학은 희소성의 학문임과 동시에 선택의 학문Study of Choice으로 불린다. 1번(사람들은 선택한다)의 내용을 보면, '우리는 소유할 수 있는 것보다 많이 원하지만, 생산요소(노동Human), 토지Natural, 자본Capital)에는 한계가 있다. 희소성Scarcity이라는 경제문제에 직면한 우리는 가장 효용Benefit이 크고 비용Cost이 적은 선택지를 고른다'라고 경제학의 기본을 알기 쉽게 소개한다. 그밖에 인센티브Incentive, 자발적 거래Voluntary Trade 등 경제학의 기본 용어가 잇달아 등장한다.

다시 말해 '6가지 경제원칙'이란 경제학의 기본을 의미한다. 또 미국에서는 '퍼스널 파이낸스Personal Finance'라는 측면에서 경제학교육도 가능하다. 퍼스널 파이낸스는 '개인의 돈 관리, 개인 재무, 개인 금융' 정도로 해석할 수 있겠다. 시장 경제 사회에서 살면서 필요한 돈에 관한 지식을 말한다. 즉 내 생활에 직접 관련된 '돈' 이야기이다.

1990년대 미국에서는 신용카드 이용때문에 개인 채무가 일인당 평균 4,000~5,000달러까지 증가해 많은 소비자가 파산 직전에 이르렀다. 특히 청년층 파산신청자가 급증해 우려가 커졌다.

그래서 미국 경제교육협의회CEE, Council for Economic Education 는 경제교육을 통해 국민을 현명한 소비자로 만드는 일에 착수했다.

고등학교에 가야만 배울 수 있었던 경제학 교육을 전 연령으로 (즉 모든 소비자) 확대하기로 한 것이다. CEE는 유치원생부터 대학생까지 학생들의 경제 개념을 향상한다는 목적을 가지고 1949년 설립된 비영리조직으로, 미국 경제교육의 기본 틀 _{Frame-work}을 만들었다.

이 프레임워크를 바탕으로 미국 고등학생을 대상으로 한 교과서가 만들어졌다. 그러나 미국 전역에서 채택되진 않았다. 그 이유는 미국의 교육정책에 있다. 일본에서는 문부과학성이 정한 학습지도요령을 기준으로 모든 교과서를 편찬한다. 그러나 미국에서 교육은 각 주州 정부에게 결정권이 있으므로 지방정부(주)가 아동과 학생이 배워야 할 내용을 정한다. 따라서 전국적으로 통일된 기준이라는 게 따로 없다.

바로 그래서 CEE는 경제교육 표준이라는 형태로 일종의 학습지도요령을 제시한 것이다. 〈경제학의 임의의 전국 공통 학습 내용 기준〉에 따라 편찬된 교과서를 전면적으로 채택한 주도 있고 부분적으로 채택한 주도 있다. 하지만 상당수 교과서와 교재가 CEE의 영향을 받았다고 할 수 있다. 물론 CEE 표준에 따른 교과서는 개인 재무뿐 아니라 일반적인 경제학도 다룬다. 현재 미국에서는 신용카드로 인한 파산보다 고금리 장학금이 더 큰 문제로 떠올라 있으니 대학생도 꼭 알아둬야 할 지식이라 할 수 있다.

이런 상황에서, 나는 2005년부터 2013년에 이르는 8년간, 인디애나주에 있는 인디애나대학교 코코모 캠퍼스에서 전문 사회과교육과 경제교육을 담당했다. 대학 경제교육센터의 부소장(소장은 경제학자)으로서 중고등학생을 대상으로 경제교육을 가르치고 초·중·고등학교 학생들을 대상으로 한 워크숍을 기획·운영했다. 워크숍에서 CEE가 작성한 교재를 사용했고, 초등학생에게는 그림책을 이용해 경제교육을 했다. 물론 '경제학이란 무엇인가?', '어린이와 청소년이 경제학에 관심을 갖게 하려면 어떻게 해야 하는가?', '생활에 도움이 되는 경제학을 어떻게 가르쳐야 하는가?'를 항상 중심에 두었다.

그중 하나가 6가지 경제원칙이다. 이 책에서는 6가지 경제원칙을 선택하는 방식을 가계, 기업, 금융, 정부, 무역이라는 5가지 요소를 중심으로 살펴본다.

CEE 표준을 기반으로 한 교과서 중에는 이 책과 같이 가계, 기업, 금융, 정부, 무역이라는 5가지 주체를 '5 섹터 모델5 Sector Model'로 지칭하며 중시하는 것도 있다. 실제로 경제는 이 5가지 주체가 영향을 주고받으며 돌아가므로 5 섹터 모델을 중심으로 설명하는 편이 한결 이해하기 쉽다.

가장 친숙한 '가계 경제학'에서 출발해 '기업(창업) 경제학', '금융(은행) 경제학', '정부 경제학', '무역 경제학' 순으로 살펴본다.

다만 CEE 표준은 미국 실정에 맞추어 만들었으므로 세금과 사회보장, 중앙은행 시스템 등 세부 내용에서 일본과 다른 점이 꽤 있다. 각 나라의 차이점을 고려해가며, 일본의 교육 현장에서 CEE 표준을 적용한다면 이런 수업이 될 것이라고 가정하고 이야기를 진행하겠다.

주린이라면
꼭 알아야 하는
경제 기초 지식

일러두기

1. 책의 내용은 기본적으로 2018년 일본 기준 데이터입니다. 편집 시 한국 상황에 맞는 내용과 2020년 기준 데이터를 추가하였습니다.
2. 책에 나오는 화폐 단위는 글의 흐름에 따라 엔화와 달러로 표기하였습니다. 금액이 큰 경우에는 원화(KRW)를 추가하였습니다.

세상은 '선택'으로 이루어진다

희소성과 트레이드오프

Scarcity and Trade-off

'희소성'은 경제의 기본이다

희소성을 이해하기 위해 우리 사회는 3가지 질문부터 생각해야

한다. 여기서는 그 질문이 경제학의 기본 키워드와 어떤 관련이

있는지 살펴보겠다.

POINT

1. **What** …… 어떤 상품과 서비스를 만들어야 하는가?

⇨ 기회비용 Opportunity Cost

2. **How** …… 어떻게 상품과 서비스를 만들어야 하는가?

⇨ 생산성 Productivity, 특화(상호의존 Interdependence)

먼저, 모든 사회가 직면하는 근본적 문제로서 '희소성'을 생각해보자. 희소성이란 상품(상품과 서비스)에 대한 인간의 욕구가 세상에 존재하는 자원을 이용하여 생산할 수 있는 상품의 수량보다 많은 상태를 말한다. 즉 인간의 욕구는 무한대이지만 자원은 유한하므로 인간의 '모든' 욕구를 '완전히' 채우는 것은 물리적으로 불가능하다는 뜻이다.

경제학에서는 상품을 생산하는 데 필요한 3가지 자원인 노동·토지·자본을 생산요소라고 한다. 여기에 생산 활동을 조직하는 기업가(사업가)의 능력을 더하면 4요소가 된다. 생산요소에는 희소성이 있으므로(수량에 한계가 있으므로) 사람의 모든 욕구를 완전히 만족시킬 만한 상품을 만들어내기는 어렵다. 자원을 의미 있고 효율적으로 사용해야 하는 이유이다.

희소성은 원래 생산요소가 유한하다(=절대량이 정해져 있다)는 전제에서 발생한다. 희소성이 있으므로 우리는 항상 어떤 상품에서 얻는 만족과 다른 상품에서 얻는 만족 중 하나를 선택해야 한다. 선택이다. 모든 것을 가질 수는 없다는 말이다.

인생은 선택의 연속

상품만 선택하는 것이 아니다. 인생은 선택해야 할 것으로 가득하다. 우리는 살면서 진학, 연애, 취직, 결혼 등 선택의 국면에 여러 번 직면한다.

예를 한 번 들어보자. 지금 마음대로 쓸 수 있는 1만 엔 지폐가 있다고 하자. 1만 엔을 무엇에 쓸지 - 고급 레스토랑에 갈지, 좋아하는 취미에 쓸지(소비할지), 또는 저축할지 - 자유롭게 정할 수 있다고 하자. 그러면 사람들은 대부분 고급 레스토랑이나 좋아하는 취미에 돈을 쓰고 싶어 한다. '맛있다', '즐겁다'라는 행복감을 느낄 수 있기 때문이다(경제학은 이를 효용이라고 한다).

이렇게 되면 저축을 하는 사람이 줄어들어서 금융기관이 난처해진다. 금리가 높을수록 돈을 저축하려는 사람은 늘어나기 마련이다. 그래서 금융기관은 사람들이 돈을 식사나 취미에 쓰지 않고 저축을 하도록 '금리'라는 인센티브(경제적 유인)를 붙인다.

저축을 하면 식사나 취미에 쓸 돈이 줄어들지만 대신 금리가 인센티브(경제적 유인)는 어떤 활동에 대해 보수나 벌칙(벌금 등)을 설정하여 사람이 그 활동을 하도록 유도하거나, 반대로 그 활동을 회피하도록 유도하는 것이다. '돈을 벌고 싶어서 일한다'거나 '벌금을 내기 싫으니까 불법 주차를 하지 않는다'가 이에 해당한다. 인센티브는 인간의 특정 행동에 대한 의욕(또는 억제)을 만들어낸다.

붙어서 돈을 불릴 수 있다. 이처럼 한정된 조건에서 여러 대안 중 하나를 선택해야 하는 상황을 경제학에서는 트레이드오프 상태Trade-off라고 한다. 이 경우, '값비싼 식사나 취미와 같은 자신의 즐거움을 위해 돈을 쓸 것인가' 또는 '저축을 해서 돈을 늘릴 것인가'라는 양자의 트레이드오프 관계가 성립한다. 트레이드오프가 발생하면 두 대안의 장단점을 고려하고 비교·검토한 뒤 선택해야 한다. 이미 여러분도 잘 알겠지만 선택하는 일은 그리 쉽지 않다.

인간은 후회하는 동물이다. 어떤 선택을 한 뒤, 선택하지 않은 다른 대안이 매력적으로 보이는 일이 종종 있다. '고급 레스토랑에 갈 걸', '취미를 즐기는 게 나을 뻔했나?', '아니야, 미래를 위해 저축을 할 걸 그랬어.' 이런 식으로 어느 하나를 선택하고 나면 포기했던(희생했던) 다른 대안이 더 좋게 보이는 것이다. 그렇게 후회하지 않으려면 여러 대안을 꼼꼼히 비교·검토해야 한다.

'어떤 것을 손에 넣기 위해 포기한 차선의 것'을 경제학에서는 기회비용Opportunity Cost이라고 부른다. 선택을 하면 반드시 기회비

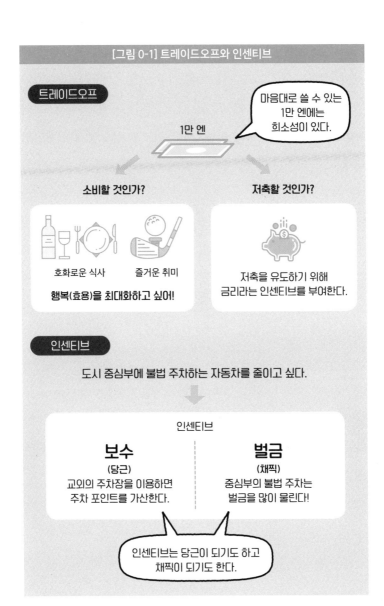

[그림 0-1] 트레이드오프와 인센티브

트레이드오프

1만 엔

마음대로 쓸 수 있는 1만 엔에는 희소성이 있다.

소비할 것인가?

호화로운 식사   즐거운 취미

행복(효용)을 최대화하고 싶어!

저축할 것인가?

저축을 유도하기 위해 금리라는 인센티브를 부여한다.

인센티브

도시 중심부에 불법 주차하는 자동차를 줄이고 싶다.

인센티브

보수
(당근)
교외의 주차장을 이용하면 주차 포인트를 가산한다.

벌금
(채찍)
중심부의 불법 주차는 벌금을 많이 물린다!

인센티브는 당근이 되기도 하고 채찍이 되기도 한다.

용이 발생한다. 이 기회비용을 능가하는 매력적인 대안을 선택해야 한다.

경제학에서 '선택'이라고 할 때는 기회비용과 인센티브, 이 2가지를 말한다. 선택된 상품·서비스는 그 사람에게 인센티브가 있다는 의미다.

모두가 최대한 이점을 얻으려면

생산성과 가격

Productivity and Price

어떻게 하면 생산성을 키울 수 있을까

'2. How …… 어떻게 상품과 서비스를 만들어야 하는가?'라는 질문에서는 생산성Productivity 을 생각해야 한다.

　희소성이 있는 생산요소가 투입Input 되면 상품과 서비스라는 형태로 가공되어 산출Output 된다.

$$투입_{Input} \times 생산성 = 산출_{Output}$$

　생산성은 다음 수식으로 나타낼 수 있다.

$$\text{생산성} = \text{산출}_{Output} / \text{투입}_{Input}$$

투입 대비 산출물(사출)의 결과가 어떠한가? 이것이 바로 생산성 Productivity이다. 생산성은 어떤 상품에 노동자의 생산력(인원, 시간 등)을 얼마나 투입하여 만들었는지를 수치화한 것이다. 예를 들어 노동생산성은 분모가 노동시간 Labor Hour이 된다.

$$\text{노동생산성} = \text{산출}_{Output} / \text{노동시간}_{Labor Hour}$$

만약 희소성이 있는 투입요소를 그대로 둔다고 가정하고 생산성을 높이려면(향상하려면) 이런 방법을 생각할 수 있다.

① 기계·설비 Capital 등의 양적 충실화
② 기술 개량(기계·설비 등의 질적 충실화)
③ 노동의 질 개선, 인적자원 Human Capital 확보
④ 특화 Specialization와 거래 Exchange 증대

① 기계·설비 Capital 등의 양적 충실화, ② 기술 개량(기계·설비 등의 질적 충실화), ③ 노동의 질 개선, 인적자원 Human Capital 확보라

는 방법을 실행하면 산출물이 증가한다는 것을 쉽게 알 수 있다.

그런데 ④번 '특화Specialization와 거래Exchange 증대'라는 방법은 구체적으로 무엇을 가리킬까? 바로 분업Division of Labor을 뜻한다. 사람은 원래 잘하는 분야가 다르고 관심사도 다르다. 새로운 기술을 익히는데 필요한 시간과 자원은 한정되어 있다. 따라서 그 사람이 잘하는 생산요소를 집중적으로 투입하는 생산의 특화Specialization가 필요하다.

특화와 분업은 일반적으로 일하는 사람의 생산성을 높인다. 예를 들어 어떤 제품을 다섯 명이 만든다고 할 때, ① 모든 공정을 혼자서 다 해서 각자 제품을 만드는 경우와 ② 조를 짜서 분업해서 제품을 만드는 경우를 생각해보자.

각자 모든 공정을 수행해 제품을 만들기보다는 다섯 명이 담당 공정을 정해서 작업을 분담(분업)하는 편이 능률적이고 생산성 향상에도 도움이 된다. 공장에서 라인 작업을 하는 것은 이 때문이다. 모든 이가 같은 기술과 자원을 가진 경우에는 1가지 상품을 특화하는 것이 중요하다. 상품을 1가지로 집중해 생산하면 생산량이 증가하고 때로는 생산비용도 감소하는 이점이 있기 때문이다.

각각의 성과물은 서로 간에 자발적으로 교환·거래Exchange된다. 다시 말해 특화가 생산성을 높이는 셈이다. 생산성이 높아지면 생활 수준Standards of Living이 향상하고 그러면 선택지가 늘어나 그만큼 자유롭게 선택할 수 있게 된다.

국제적 분업과 글로벌리제이션

앞의 이야기는 개인뿐 아니라 국제관계에도 적용된다. 세상에는 '생산요소의 지역적 편재'와 '생산기술의 지역적 격차'가 존재한다.

'생산요소의 지역적 편재'란 광물 등의 자원이 특정 국가나 지역에 매장되어 있거나, 어떤 지역에서는 특정한 농작물을 재배하기 쉽지만 어떤 지역에서는 재배하기 어려운 경우를 말한다.

'생산기술의 지역적 격차'란 모든 나라가 특정한 자원을 효율적으로 활용할 수 있는 기술력을 갖춘 것은 아니라는 뜻이다. 기술력을 보유한 나라는 한정되어 있다는 말로, '생산요소의 지역적 편재'와 '생산기술의 지역적 격차'는 국제적 분업으로 해소할 수 있다. 각 나라가 잘 만드는(또는 잘하는) 생산물을 다른 나라에 판매하는 식으로 거래하면 서로 이익을 얻고 경제성장을 이룰 수 있다.

이때 기회비용이 가장 적은 것을 특화해야 한다. 다른 나라보다 개인·지역·사회가 가장 적은 비용으로(최저 비용으로) 생산할 수 있는 것을 특화해서 만드는 것이다(비교우위 Comparative Advantage). 그리고 자신이 만들지 못하는 것은 다른 개인·지역·국가에서 구매한다. 이렇게 하면 서로 생산과 소비가 증대된다.

NOTE

기회비용은 '어떤 것을 손에 넣기 위해 포기한(희생한) 두 번째로 좋은 것'을 말한다. '기회비용이 가장 적다'라는 것은 '비용이 늘지 않는다. 또는 어떤 것을 선택해서 포기해야 하는 희생이 가장 적다'라는 뜻이다.

그 결과, 자유무역이 필요하다는 인식이 확산되고 특정한 상품의 무역을 제한하는 '무역장벽'이 대두된다. 상호 의존Interdependence하는 관계가 되면, 세계통합주의Globalism, 세계화(글로벌리제이션Globalization)를 논의하기 시작한다.

가격을 결정하는 방법

'3. Who …… 누가 그 상품과 서비스를 소비해야 하는가?'를 알려면, 경제시스템과 가격에 의한 시장 경제 순환 모델부터 먼저 알아야 한다.

현재 미국이나 일본은 혼합 경제Mixed Economies 체제이다. 역사와 관습이 중시되어 선택하는 전통적 경제Traditional Economies, 쿠바와 북한처럼 중앙정부가 선택권을 가진 통제 경제Command Economies, 자유로운 시장가격에 의해 선택되는 시장 경제Market Economies, 그리고 통제 경제와 시장 경제 양쪽의 특징을 상황에 따라 채택하는 것이 혼합 경제다.

혼합 경제 체제에서는 가격이 무척 중요하다. 가격은 경제학 측면에서도 중요하다고 인식된다. 가게에서 파는 상품의 가격뿐 아니라 의료나 세탁소와 같은 서비스 행위에도 가격이 붙는다. 또 내가 일을 했을 경우(노동)에도 가격(임금)이 붙는다.

원칙적으로 가격은 그 상품과 서비스, 노동을 구매하는 측과 제공하는 측이 교섭해서 정한다. 하지만 실제로 교섭이 이루어지는 경우는 드물며, 사회에서 일정한 시세가 자연스럽게 형성된다. 이것을 '시장가격'이라고 한다. 시장가격은 상품이나 서비스를 선택할 때 중요한 고려 사항이다.

'돈은 돌고 돈다'라는 말은 진리

경제 순환
Cycle of Money

기업과 가계의 관계

가계(소비자)와 기업 간의 행위(경제 순환)는 무척 밀접하며 가격을 통해 이루어진다. 매개물인 화폐를 통해서라고 말할 수도 있다.

예를 들어 보자. 먼저 가계(소비자)는 상품을 구매할 때 기업에 돈을 낸다(대금). 그 대가로 상품의 소유권은 기업에서 소비자에게 이전된다(통상적 매매). 기업은 거래로 얻은 돈으로 다음 일을 하는 데 필요한 생산자원(천연자원, 인적자원, 자본재)을 구매하고, 노동자에게 급여를 지급하고(가계에 유입된다), 정부에 세금을 낸다(공공서비스에 사용된다). 이렇게 보면 가계(소비자)와 기업은 서로 보완하는 존재다.

가계는 소비자이자 노동자이다. 소비자 역할을 하면서 생산요소인 공급자, 즉 노동을 제공하는 역할도 한다. 기업은 생산자이자 고용주이다. 기업은 소비자와 다른 기업에 상품을 제공하고 생산요소 중 하나인 수요자(구매자)로서 노동자(가계)로부터는 노동을, 지주로부터는 토지를, 자본가로부터는 자본이라는 생산요소를 받아 상품을 생산하고 판매한다.

가계(소비자)와 기업은 활동 목적이 다르다. 가계(소비자)의 목적은 행복을 극대화하는 것(효용 극대화·만족)인 반면에 기업은 이익(이윤)을 극대화하는 것을 목적으로 행동한다. 이익을 얻으려면 기업이 제공하는 상품을 소비자가 받아들여야 한다. 이렇게 목적이 다르기 때문에, 가계와 기업은 때로 대립 양상을 보인다.

상품을 싸게 사고 싶은 가계 vs. 상품을 비싸게 팔고 싶은 기업
노동을 비싸게 팔고 싶은 가계 vs. 노동을 싸게 사고 싶은 기업

가계(소비자)의 목적인 '행복의 극대화'와 기업의 목적인 '이익의 극대화'가 같은 방향으로 가고 있으면 아무 문제가 없지만, 불경기일 때는 종종 다른 방향을 향하는 일이 생긴다. 불경기에 기업은 노동자를 정리해고하거나 장시간 노동을 시키면서도 급여를 줄인다. 이렇게 되면 기업과 가계의 목적을 이루기 위한 대립 양상이 점점 심화된다.

그래서 정부는 규정을 설정하고 양측을 조정하는 정책을 펼쳐서 기업과 가세(소비자)에 규정을 적용한다. 정부는 가계와 기업에 세금을 징수하거나 채권을 발행해서 활동 자금을 모은다. 정부는 기업의 의견도 듣고 가계의 의견도 듣는 조정자 역할이다. 앞서 말한 '3. Who …… 누가 그 상품과 서비스를 소비해야 하는가?'에는 가계(소비자), 기업뿐 아니라 정부도 포함된다.

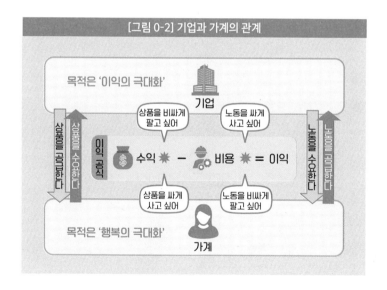

[그림 0-2] 기업과 가계의 관계

목적은 '이익의 극대화'
기업

상품을 비싸게 팔고 싶어
노동을 싸게 사고 싶어

이익 공식

$\$$ 수익 ✸ − 🔧 비용 ✸ = 이익

상품을 싸게 사고 싶어
노동을 비싸게 팔고 싶어

상품을 공급한다
상품을 수요한다

노동을 수요한다
노동을 공급한다

목적은 '행복의 극대화'
가계

제1장

부자를 만드는
복리의 힘

가계 경제 지식

내 예금이 두 배가 되기까지 필요한 시간

72 법칙
Rule 72

72 법칙만 알면? 계산 끝

최근들어 '젊을 때부터 모으자'며 저축의 중요성을 인식하고 실천하는 분위기가 강해졌다. 여기서 저축은 은행에 예금해서 이자를 얻는 것을 말한다. 우리가 돈을 은행에 맡기면 이자를 받고 돈을 은행에서 빌리면 은행에 이자를 내야 한다. 원금에 대해 이자가 어느 정도의 비율로 붙는지를 나타낸 것이 금리다. 금리는 일반적으로 '연이율 몇 %(퍼센트)'로 표시한다. 연이율은 '1년간 발생하는 금리'다. 1개월마다 발생하는 금리도 있다. '월 이율'이라고 한다.

미국에서는 저축의 중요성을 실생활에 밀착해서 가르친다. 예를 들어 학생에게 은행에 맡긴 원금을 이자까지 합쳐서 두 배로 만들려면 몇 년이 걸리는지 생각하게 한다. 이때 어려운 계산은 필요 없다. 이 답을 쉽게 계산으로 도출하는 방법, 즉 '72 법칙'을 가르칠 뿐이다.

계산방법은 정말 간단하다. 72를 금리(복리①●)로 나누면 두 배가 되기까지의 대략적 연수年數를 알 수 있다. 예를 들어 연이율(복리)이 1퍼센트라면,

$$72 \div 1 = 72$$

약 72년이 걸린다. 또 연이율(복리)이 7.2퍼센트인 경우,

$$72 \div 7.2 = 10$$

약 10년이면 예금한 돈이 원금의 두 배가 된다는 것을 알 수

● ① 복리複利는 '원금 + 이자'에 계속 이자가 붙는 이자 계산법이다. 반면에, 원금에만 이자가 붙는 이자 계산법은 단리單利라고 한다. -감수자

있다. "당신이 은행에 넣어둔 돈(예금)이 원금의 두 배가 되려면 시간이 얼마나 필요할까요?"라고 질문하면 고등학생뿐 아니라 성인도 우물쭈물한다.

하지만 72 법칙을 알고 있으면 대략 답할 수 있다. 예를 들어 현재(2018년 3월), 미국의 일반직인 보통예금(입출금통장)은 0.1퍼센트, 인터넷뱅킹으로는 1.0퍼센트 정도다.

연이율 0.1퍼센트인 예금을 72 법칙을 적용해 계산해보자.

$$72 \div 0.1 = 720$$

원금을 두 배로 불리려면 720년이 걸린다. 1.0퍼센트를 주는 인터넷뱅킹 예금을 들으면 72년 만에 두 배가 된다. 그러면 일본 시중은행의 보통예금 금리로 계산해보자. 요즘은 '제로 금리'라고들 하지만 정확히는 0.001퍼센트이다.

연이율 0.001퍼센트인 예금을 72 법칙을 적용해 계산해보자.

$$72 \div 0.001 = 72,000$$

원금을 두 배로 불리려면 무려 7만 2000년이나 걸린다.

그런데 지금으로부터 약 20년 전, 제2차 세계대전이 끝난 뒤 사상 최고금리를 주었던 시대에는 연이율 8퍼센트가 넘는, 게다가 원금까지 보증하는 금융상품이 존재했었다. 8퍼센트라면 자산을 두 배로 불리는 데 10년도 걸리지 않는다!

그렇게 생각하면 지금이 얼마나 저금리 시대인지 실감이 날 것이다. 그러므로 '금리가 0.001퍼센트, 두 배가 되려면 7만 2000년이 걸리는' 지금의 현실이 머리에 박혀 있으면, '8퍼센트 수익을 내드립니다!' 따위의 금융상품을 권유받았을 때 '뭔가 이상한데? 왜 그런지 조심해서 봐야겠어'라고 신중히 생각할 것이다(대체 0.001퍼센트와 8퍼센트 간의 차액을 누가 메워준다는 걸까?).

하지만 지금도 사람들은 '8퍼센트 수익'이라는 달콤한 말에 넘어가서 투자라는 탈을 쓴 사기 사건에 휘말려 돈을 잃는다. 세상에는 '이자의 현실'을 모르는 성인이 많다.

또 72 법칙은 차입금(부채)에도 동일하게 적용할 수 있다. 즉 빚을 억제하는 효과도 있다. 어떤 금리로 돈을 빌릴 경우, 그 돈을 상환하지 않고 있으면 몇 년 뒤 부채가 원금의 두 배가 되는지 계산할 수 있다.

예전에 악명 높은 소비자 금융사(대부업체)의 그레이존 금리는 최대 29.2퍼센트였다(형사처벌 대상인 출자법보다 낮고 이자제한법보다 높게 20~29.2퍼센트로 설정되었다. 출자법 상한 금리가 29.2퍼센트에서 20퍼센트까지 인하됨에 따라 그레이존 금리는 2010년, 철폐되었다-역주). 이를 72 법칙에 적용해보자.

$$72 \div 29.2 = 2.465$$

겨우 3년째에 상환금이 원금의 두 배가 된다! 참고로 이 이율은 2010년에 개정되었다. 또 72 법칙은 신문이나 TV에서 자주 나오는 국가 경제성장률에 적용할 수도 있다. 요즘 중국, 인도가 높은 경제성장을 이루고 있는데, 만약 중국과 인도의 경제성장률이 연 7퍼센트라고 가정하면,

$$72 \div 7 = 10.2857\cdots\cdots$$

이 되어, 약 10년이면 국가 경제 규모(GDP = 국내총생산)가 두 배가 된다는 것을 알 수 있다. '72 법칙'은 경제 지식이 있는 사람에게는 상식이다.

예를 들어 아래 뉴스 기사를 보자.

[뉴델리 2018년 2월 28일 로이터 통신] 인도 정부가 발표한 10~12월 국내총생산(GSP)은 전년동기대비 7.2퍼센트 증가해 5개 분기 만에 크게 성장했다. 정부지출 외 제조부문과 서비스부문이 확대되어 인도 성장률은 처음으로 중국(6.8퍼센트)을 넘어서, 세계 주요 국으로서 1년 만에 정상을 차지했다.

이 기사는 '10년 뒤에는 국가 경제 규모가 두 배가 되는 높은 성장률이므로 안심하고 투자하라'라는 메시지이다. 일본의 언론은 '7.2퍼센트'가 어떤 의미가 있는지 거의 밝히지 않지만, 이 숫자가 지닌 의미를 아는 사람들에게는 무척 중요한 메시지다. 참고로 현재 일본의 성장률은 1~2퍼센트, 미국은 2~3퍼센트이다.

NOTE

국내총생산 GDP, Gross Domestic Product은 1년간 국내 경제활동으로 생산된 최종 상품의 가격이 전부 얼마인지를 측정한 시장가격의 총합을 말한다. 나라 전체의 경제 규모. 전년과 비교해서 낸 변화율을 '경제성장률'이라고 한다.

단리와 복리 중 어느 쪽이 득일까

금리 – 첫 번째 이야기

Interest part 1

돈을 맡긴다면 반드시 복리로

은행에 돈을 예금하면 예금 기간이 길수록 이자가 많이 붙는다. 그런데 금리에는 단리와 복리가 있어서 무엇을 선택하느냐에 따라 이자 액수가 크게 달라진다.

자, 이자가 어떻게 생기는지 수식으로 나타내보자.

$$원금 \times 금리 = 이자$$

단리는 맡겨둔 원금에 대해서만 금리가 붙는다. '연 8퍼센트 단리'의 경우, 1년째에는 원금의 8퍼센트가 이자가 된다. 2년째에도 원금의 8편센트만 이자가 된다. 3년째에도 마찬가지로 원금의 8퍼센트가 이자가 된다.

그에 비해 복리는 이자가 원금으로 포함된 금액에 이자가 붙는 구조다. '연 8퍼센트 복리'인 경우에는 1년째에는 원금의 8퍼센트가 이자가 된다. 여기까지는 단리와 동일하다. 그런데 2년째부터는 원금에 1년째의 이자(8퍼센트)를 더한 금액에 이자가 붙는다.

즉 '(원금 + 1년째 이자) × 금리 = 2년째 이자'가 된다. 3년째는 '(원금 + 1년째 이자 + 2년째 이자) × 금리 = 3년째 이자'가 된다. 이렇게 전년까지의 이자를 원금에 포함하여 계산하므로 복리를 '이자가 이자를 낳는다'라는 말로 표현하기도 한다.

단리와 복리의 차이에 관해 구체적인 예를 들어보자. 100만 엔을 연 8퍼센트 단리인 예금상품에 들었다고 하자. 1년 뒤에는 108만 엔, 2년 뒤에는 116만 엔, 3년 뒤에는 124만 엔, 4년째에는 132만 엔이 된다. 매년 8만 엔씩 늘어나는 것이 보인다.

그런데 100만 엔을 연 8퍼센트 복리인 예금상품에 넣어두면 1년 뒤에는 108만 엔, 2년 뒤에는 116만 6,400엔[108만 엔 + (108만 엔 × 8퍼센트)], 3년째에는 125만 9,712엔[116만

6,400엔 + (116만 6,400엔 × 8퍼센트)], 4년째에는 136만 488엔, 이렇게 4년째부터 4만 엔 이상 차이가 벌어진다.

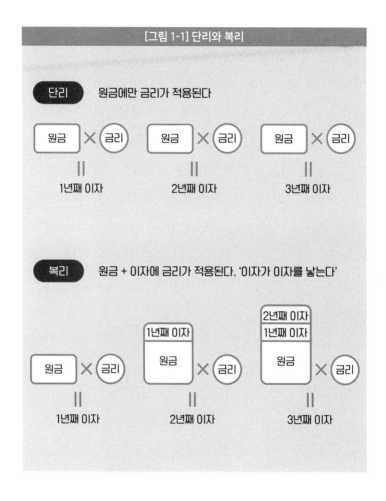

[그림 1-1] 단리와 복리

단리 　원금에만 금리가 적용된다

원금 × 금리 = 1년째 이자

원금 × 금리 = 2년째 이자

원금 × 금리 = 3년째 이자

복리 　원금 + 이자에 금리가 적용된다. '이자가 이자를 낳는다'

원금 × 금리 = 1년째 이자

1년째 이자 / 원금 × 금리 = 2년째 이자

2년째 이자 / 1년째 이자 / 원금 × 금리 = 3년째 이자

이런 복리의 힘을 실감하게 해주는 일화를 소개하겠다. 미국의 중심도시 뉴욕, 그중에서도 누구나 가고 싶어 하는 지역이 맨해튼이다. 미국 경제의 중심인 월가도 있고 세계 각국에서 창업하려는 사람들이 몰려드는 에너지 넘치는 거리다.

하지만 지금(2018년)으로부터 391년 전에는 대자연이 펼쳐진 미개발지에 불과했다. 그리고 일부 토지에는 인디언들이 살고 있었다. 당시 미국과 무역독점권을 갖고 있었던 네덜란드 서인도회사는 맨해튼 섬을 차지한 뒤 인디언에게서 현재 가치로 단돈 24달러를 주고 섬을 사들였다는 이야기가 전해진다. 여기서부터 맨해튼 섬의 역사가 시작되었다.

그로부터 391년이 지나 눈을 돌려보니 자유의 여신상, 엠파이어스테이트빌딩, 타임스퀘어가 생기고 맨해튼 섬은 미합중국의 번영하는 모습을 상징하는 곳이 되었다.

역사에 '만약'이라는 단어는 필요 없지만, 인디언들이 24달러에 그 섬을 팔지 않았다면 지금쯤, 그들의 후손은 뉴욕의 대지주가 되었을지도 모른다. 그 생각을 하면 정말 아까운 거래가 아닐 수 없다.

더욱 아까운 일이 있다. 가령 인디언이 받은 24달러를 은행에 넣어두고 복리로 운용했다면 어떻게 되었을까? 24달러를 8퍼센트 복리로 391년에 걸쳐 운용했다면 무려 5조 달러(약 500조 엔, 약 5,000조 원)로 부풀어 올랐을 것이다. 그랬다면 인디언의 후손들은 맨해튼 섬의 토지를 다시 사들일 수 있었을지도 모른다.

그런데 24달러를 단리로 운용했다면 9,875달러(약 100만 엔)밖에 되지 않는다. 복리는 5조 달러, 단리는 9,875달러. 이 어마어마한 차이가 바로 복리의 힘이다. 어떤 금융기관은 단리와 복리 중 하나를 선택하게 하는데, 그럴 때는 망설이지 말고 복리를 선택하자.

연이율과 월 이율의 속임수에 넘어가지 마라

금리 - 두 번째 이야기
Interest part 2

금리의 함정, '월 이율'에 주의하라

금리에는 단리와 복리 외에 '연이율'과 '월 이율'이 있다. 통상적으로 금리는 '연 1.2퍼센트 복리'라는 식으로 표시되는데, 이것은 1년마다 원금과 전년까지의 이자를 합친 금액의 1.2퍼센트가 이자로 붙는다는 뜻이다. 이렇게 1년 단위로 붙는 금리가 연이율이다.

한편 월 이율은 1개월 단위로 붙는 금리를 말한다. 월 이율은 연이율을 개월수인 '12'로 나누어 산출할 수 있다. 그러므로 '연 1.2퍼센트'는 '1.2% ÷ 12(개월) = 0.1'이므로 '월 0.1퍼센트'가

된다. 다시 말해 월 0.1퍼센트와 연 1.2퍼센트는 같은 말이다.

개인 금융에 관한 지식이 없는 사람에게는 전혀 다른 말로 들릴 수도 있다. 가령 2개의 금융기관이 있는데 A사는 돈을 빌려줄 때의 금리를 '연 1.2퍼센트'라고 하고 B사는 '월 0.1퍼센트'라고 했다고 하자.

금융 지식이 없는 사람은 돈을 빌릴 때, 연 1.2퍼센트보다는 월 0.1퍼센트가 더 적다고 느낄 수 있다(상환 총액이 적다고 생각한다). 그래서 B사에 돈을 빌리려 할 것이다.

또는 예금금리를 '연 1.2퍼센트'라고 표시한 은행과 '월 0.1퍼센트'라고 표시한 은행이 있다고 하자. 그때 금융 지식이 부족한 사람은 연 1.2퍼센트가 월 0.1퍼센트보다 이자가 많이 붙는다고 생각해서 연 1.2퍼센트라고 표기한 은행에 돈을 맡길 수 있다.

이런 인간의 심리적 메커니즘을 '소비자 심리'라고 한다. 실제로 소비자 금융업체(대부업체) 중에는 소비자 심리를 이용해 금리가 낮게 느껴지도록 '월 이율'로 표기하는 업체도 있다.

또 은행도 '연 1.2퍼센트 캠페인 금리'라는 홍보문구로 고객을 끌어모으기도 한다(즉 월 0.1퍼센트). 물론 저금리 시대에 연이율 1.2퍼센트는 매력적인 수치이지만 홍보문구를 꼼꼼히 뜯어보면 아래쪽에 깨알만 한 글씨로 '캠페인 금리는 첫 3개월 한정'이라

[그림 1-2] 연이율과 월 이율

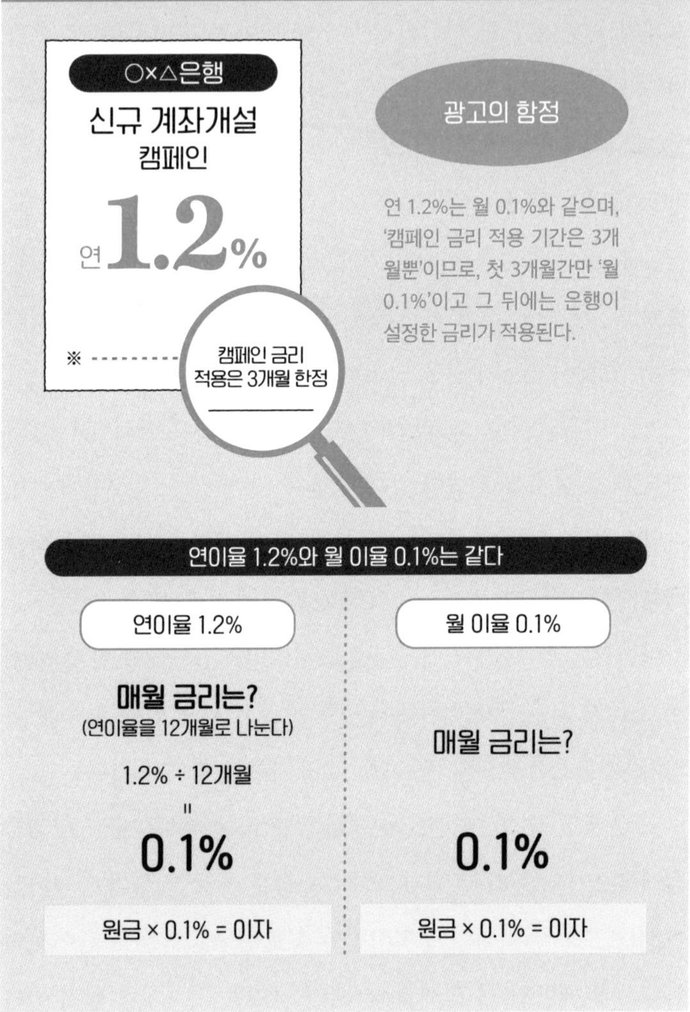

○×△은행

신규 계좌개설
캠페인

연 **1.2%**

※ ---------- 캠페인 금리
적용은 3개월 한정

광고의 함정

연 1.2%는 월 0.1%와 같으며,
'캠페인 금리 적용 기간은 3개
월뿐'이므로, 첫 3개월간만 '월
0.1%'이고 그 뒤에는 은행이
설정한 금리가 적용된다.

연이율 1.2%와 월 이율 0.1%는 같다

연이율 1.2%	월 이율 0.1%

매월 금리는?
(연이율을 12개월로 나눈다)

1.2% ÷ 12개월
=
0.1%

원금 × 0.1% = 이자

매월 금리는?

0.1%

원금 × 0.1% = 이자

고 쓰여 있는 예도 있다. 1년 중 3개월간만 연이율 1.2퍼센트가 적용된다는 뜻이다.

연이율 1.2퍼센트는 월 이율 0.1퍼센트이므로 '월 이율 0.1% × 3개월 = 0.3%'만 우대된다는 말이다. 나머지 기간은 각 금융기관이 설정한 더 낮은 금리가 적용된다.

월 이율과 연이율의 차이를 알지 못하고 금융기관의 금리를 비교하는 것이 얼마나 무서운 일인지 이제 알았을 것이다.

단기금리와 장기금리

금리 - 세 번째 이야기

Interest part 3

금융의 윤활유, 이자

이자(원금 × 금리)는 금융의 윤활유다. 금융은 돈이 남는 사람과 부족한 사람을 잇는 다리가 된다. 돈이 부족한 사람은 원금과 이자를 상환할 것으로 약속하면 돈을 빌릴 수 있고, 수중에 돈이 있는 사람은 이자를 받기로 약속하고 돈을 빌려줄 수 있다. 이것을 '융자'라고 한다.

여기서는 돈을 빌려주는 은행과 돈을 빌리는 개인이나 기업의 관계를 살펴보겠다. 금리를 받는(돈을 빌려주는) 쪽의 이자를 수취이자라고 한다. 세상에는 돈을 빌리고 싶어 하는 융자처(개인과 기업 등 돈을 빌리는 쪽)가 많이 있는데도 그중에서 자신을 선택해 돈을 빌려준 것에 대한 보상이다. 그 보상(금리)이 클수록 수취이자가 많아지므로 융자를 해주려는 은행도 많아질 것이다.

한편 금리를 지급하는(돈을 빌리는) 쪽의 이자를 지급이자라고 한다. 금리가 낮을수록 지급이자가 적어지므로 융자를 받고 싶은(돈을 빌리고 싶은) 개인과 기업이 늘어날 것이다. 반대로 금리가 높을수록 융자를 받고 싶어 하는 개인과 기업은 적어진다.

되도록 높은 이자를 받고 싶은 빌려주는 쪽과 되도록 낮은 이자를 지급하고 싶은 빌리는 쪽 사이에 생기는 간극을 어떻게 메울 것인지(즉 양쪽이 수긍하는 금리로 설정)는 교섭을 통해 정해진다. 그렇지만 한 건 한 건 일일이 교섭을 하면 엄청난 시간이 걸릴 것이다. 그런 이유로 거래 지표가 되는 금리가 존재한다.

바로 단기금리와 장기금리다. 단기금리는 상환 기간 또는 만기가 1년 미만인 자금을 거래할 때 적용되는 금리이다. 대표적인 것이 무담보콜 익일물 금리인데 금융기관 간에 단기자금을 거래하는 콜시장Call Market에서 적용되는 금리이다. 은행의 우두머리 격인 중앙은행(일본은 일본은행, 한국은 한국은행)이 단기금리율(수치)을 유도하면서 금융완화 또는 금융긴축 정책을 펼친다. 중앙은행이 결정한 금융정책을 시행하기 위해 단기금리를 올리거나 내리는 식으로 운영하는 것이다.

중앙은행은 시장에 돌아다니는 돈의 양Money Stock을 조절하는 등 여러 방법으로 금리를 조정한다.

1. 금융기관 간에 돈을 빌리고 빌려주는 시장(콜시장)에 적용되는 금리를 중앙은행이 '유도 목표 수준'으로 정한다.
2. 중앙은행은 민간 은행(시중은행)에 국채를 매매해 시장의 통화 공급량Money Stock을 조정하는 '공개시장운영'을 시행한다.
3. 시중은행은 예금(기업이나 가계에서 맡긴 돈)총액의 일정 비율을 중앙은행에 예치할 의무가 있다. 이를 법정지급준비율이라고 하며 이 비율을 변경함으로써 통화량을 조절하는 것을 지급준비율 정책이라고 한다(194쪽). 이 중앙은행의 계좌(의 일부)에 마이너스 금리를 설정하는 것이 마이너스 금리 정책이다.

한편 장기금리는 상환이나 만기가 1년 이상인 자금을 거래할 때 적용한다. 현재, 10년물 국채의 '이율'이 기준이다. 정부의 차입금인 국채(라는 채권)는 가장 안정적인(도산할 확률이 낮은) 투자처다. 장기국채의 이자(이율)가 1년 이상 돈을 빌려주고 빌리는 금리의 기준이 된다. 즉 정부에게 어느 정도의 금리로 돈을 빌려줄까, 라는 말이다.

장기국채의 인기가 오르면 금리를 높게 설정하지 않아도 사려는 사람이 나타나기 마련이다(금리가 낮다). 반대로 인기가 별로 없으면 금리를 높게 설정해서 구매자를 모으려고 유도한다. 장기금리율(수치)은 특정한 사람이 정하는 것이 아니라 장기국채에 대한 수급 관계로 결정하는데, 다양한 요인(단기금리, 인플레이션율, 환율 등)의 영향을 받는다. 투자가들은 5년 뒤, 10년 뒤와 같은 장기적 관점에서 어떤 투자처에서 운용하면 유리한지 계산하기 때문이다.

예를 들어 미국 국채를 살지, 일본 국채를 살지, 아니면 EU(유럽연합)가 발행하는 EU채를 살지 저울질하는 식이다. 일본 경기가 앞으로 좋아지리라고 전망할 때는, 국채를 살지(경기가 좋아질 테니까) 국채보다 높은 수익률을 기대할 수 있는 주식을 살지 생각한다. 아니면 해외 주식을 사는 편이 더 많이 이익을 낼 수 있을지도 모른다. 외국 정부의 국채나 외국기업에 투자할 경우, 그 나라의 통화와 일본 엔화는 환율의 영향을 받으며 변동한다.

또 앞으로 인플레이션이 심화될 것이라고 예상할 때는 대출 기간이 길수록 금리가 높게 설정된다. 빌려주는 쪽에서 그 기간이 끝날 때까지 빌려준 돈이 돌아오지 않는, 즉 더 유리한(수익이 높은) 투자처가 있어도 투자할 수 없으므로 그만큼을 얹은 금리(신용 프리미엄)를 요구하기 마련이다. 이 경우, 장기금리가 단기금리보다 높게 설정된다.

기본적인 금융 비즈니스 모델

단기금리와 장기금리는 그때그때의 기준금리가 된다. 은행 등 금융기관의 기본적인 비즈니스 모델은 되도록 낮은 금리로 돈을 빌리고 되도록 높은 금리로 돈을 빌려주면서 차익을 올린다.

금융기관은 기업이나 개인에게서 예금으로 모은 돈을 다른 기업이나 개인에게 장기간 빌려줄 수 있다. 그 결과 예금자에게 상환할 현금이 부족해진다 해도 앞에서 나온 콜시장(은행 간에 단기 자금을 거래하는 시장)에서 조달해오면 그만이다.

콜시장의 대표적인 금리가 '무담보콜 익일물'이다. 이것은 금융기관이 무담보로 빌려서 다음 날 상환할 때 적용되는 금리를 말하며, 중앙은행 금융정책의 핵심이 되는 정책금리이기도 하다. 각 금융기관은 이 금리를 기준으로 예금자에게 지급이자 금리를 정하고 거기에 일정 금리를 얹어서 빌려준 돈에 대해 받는 이자(수취이자)의 금리를 정한다. 지급이자와 수취이자의 차액(차익금, 예대마진)이 은행의 이익이 된다.

앞으로 인플레이션이 될 것이라고 예상되면, 단기금리는 낮아지고 장기금리(장기국채 금리)는 단기금리보다 높아진다. 이때 금융기관은 콜시장의 단기금리를 이용해 돈을 조달할 수 있으므로 예금을 장기로 빌려주거나 장기금리가 붙은 국채를 매입해서 자금을 운용하면 확실하게 차익금을 챙길 수 있다.

국채는 채무불이행이 일어날 우려가 가장 적은 투자처다. 국가재정이 파탄하지 않는 한 분명히 상환(변제)될 돈이기 때문이다. 금융기관이 기업과 개인에게 장기간 돈을 빌려줄 때는 장기국채 금리(대표적인 것이 10년 만기 국채금리)를 기준으로 대출금리를 정한다. 그리하여 금융기관이 예금으로 모으거나 콜시장에서 빌렸을 때의 금리보다 높은 금리로 시장에 돈이 유통된다.

예를 들어 주택담보대출에는 일정 기간마다 금리가 바뀌는 변동금리와 상환기일까지 금리가 고정된 고정금리가 있다. 변동금리는 단기금리의 영향을 받고 고정금리는 장기금리의 영향을 받는다. 단기금리와 장기금리의 움직임은 우리 생활에 영향을 준다.

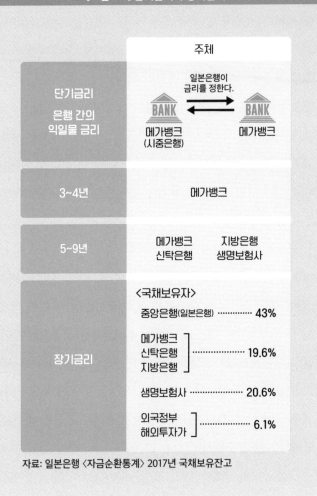

[그림 1-3] 단기금리와 장기금리

	주체
단기금리 은행 간의 익일물 금리	일본은행이 금리를 정한다. BANK ←→ BANK 메가뱅크 　　　메가뱅크 (시중은행)
3~4년	메가뱅크
5~9년	메가뱅크　　지방은행 신탁은행　　생명보험사
장기금리	〈국채보유자〉 중앙은행(일본은행) ············ 43% 메가뱅크 신탁은행 ┐················· 19.6% 지방은행 ┘ 생명보험사 ················· 20.6% 외국정부 해외투자가 ┘················· 6.1%

자료: 일본은행 〈자금순환통계〉 2017년 국채보유잔고

예금금리와 대출금리

금리 – 네 번째 이야기

Interest part 4

금리, 돈을 빌릴 때와 돈을 맡길 때 다르다

다음으로 돈을 빌릴 때의 금리를 살펴보자. 여러분이 돈을 빌릴 수 있는 곳은 장학재단(학자금대출), 일본정책금융공고(한국의 중소벤처기업진흥공단에 해당 – 역주) 장기카드대출(카드론), 은행 대출(융자), 소비자금융 등이 있다. 또 사업자금을 구하고 싶을 때는 지역의 지방자치단체에 마련된 창업지원제도 등을 이용할 수도 있을 것이다. 일반적으로 금리는 장학금이 1퍼센트, 주택담보대출(변동금리 0.8퍼센트, 10년 고정금리 1.3퍼센트), 정책금융공고 2퍼센트, 카드론이 4.5~9.8퍼센트, 소비자금융 14~18퍼센트로 설정된다.

　교육(학자금대출)과 주택(주택담보대출), 창업(일본정책금융공고)
과 같은 정책적 목적이 있을 때는 빌려주는 쪽에 정부 자본이 투
입되므로 금리가 비교적 낮게 책정된다. 이렇게 보면 돈을 예금

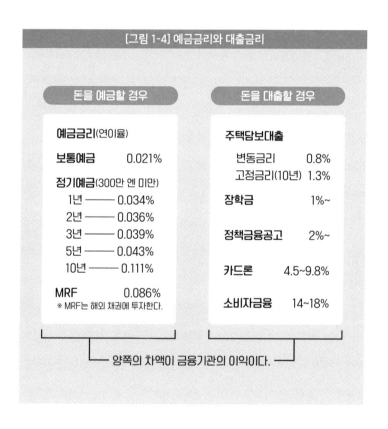

[그림 1-4] 예금금리와 대출금리

돈을 예금할 경우

예금금리(연이율)

보통예금　　0.021%

정기예금(300만 엔 미만)
　1년 —— 0.034%
　2년 —— 0.036%
　3년 —— 0.039%
　5년 —— 0.043%
　10년 —— 0.111%

MRF　　0.086%
※ MRF는 해외 채권에 투자한다.

돈을 대출할 경우

주택담보대출
　변동금리　　0.8%
　고정금리(10년)　1.3%

장학금　　1%~

정책금융공고　　2%~

카드론　　4.5~9.8%

소비자금융　　14~18%

양쪽의 차액이 금융기관의 이익이다.

할 때는 아무리 높아도 0.1퍼센트(정기) 금리밖에 붙지 않지만, 돈을 빌릴 때는 학자금처럼 낮은 경우라도 최소 2퍼센트는 지급해야 하고 주택담보대출은 그보다 더 높은 금리를 지급해야 한다. 돈을 맡길 때는 금리가 높기를 바란다. 돈을 많이 모을 수 있기 때문이다.

하지만 돈을 빌릴 때는 금리가 낮은 편이 좋다. 금리가 낮으면 이자를 적게 내도 되기 때문이다. 이렇게 금리의 기준이 되는 단기금리는 중앙은행이 당시의 경기를 보고 정책을 결정해서 유도한다. 경기는 물가라는 형태로 나타나는데 물가가 지나치게 상승하면 중앙은행은 경기를 조일(금리를 올린다) 필요가 있고, 물가가 지나치게 하락하면 경기를 자극할(금리를 내린다) 필요가 있다.

이것만 주의하면 된다,
가처분소득 감소

급여
Salary

가계의 목적, '행복을 최대화'하는 것

경제학에서는 여러분의 가정을 가계라고 부른다. 가계의 최종
목표는 행복을 최대화하는 것이다. 가계는 경제활동을 함으로써
'행복의 최대화'를 향해 나아간다. 각 가계가 경제적으로 여유로
워질수록 그 사회 전체도 경제성장을 이룬다.

가계의 경제활동은 노동과 소비 Spending 다. 노동의 대가로 급여
(임금)를 받고 자영업자면 소득이 발생한다. 또 그렇게 해서 받
은 급여나 소득으로 상품과 서비스를 구매한다(소비한다). 이렇
게 가계는 사회 전체의 경제에서 중요한 역할을 한다.

소비는 생활에 필요한 의식주와 취미 등에 돈을 쓰는 행위이다. 각 가계가 소비에 쓰는 돈의 액수는 급여(임금)와 소득에 크게 영향을 미친다. 원칙적으로 소비는 급여나 소득을 초과하지 못한다. 만약 초과했다면 차입을 했거나 저축 Private Saving 을 인출해서 사용한 경우일 것이다.

그런데 급여(임금)를 받으면 '소득액'이 그대로 수중에 들어오는 것은 아니다. 실제로는 사회보험료와 세금이 공제되고 수중에는 '세후 수입'이 들어온다.

급여(임금) - 사회보험료 - 세금(원천징수) = 세후 수입

세후 수입 - 소비 Spending = 저축 Private Saving

여기서 사회보험료는 건강보험, 국민연금, 고용보험, 산재보험 등을 말하고 세금은 소득세 등 원천징수되는 금액을 말한다. 소득세는 원천징수되는 금액과 실제로 납부해야 하는 세액이 다른 경우가 있다. 이 금액은 1년분을 정리해서 정산한다. 일반적으로 직장인은 연말정산 시 차액을 조정한다. 또 자영업자나 급여 외에도 수입이 있는 사람, 특정 공제액(의료비 등)이 있는 사람은 확정신고(다음 해 5월)를 해서 차액을 조정한다.

지금 우리 사회는 저출산 고령화가 진행되어 사회보험료가 증가하는 추세다. 또 일본의 경우, 동일본대지진으로 인한 피해를 복구하기 위해 신설된 부흥 증세(소득세는 2013년 1월부터 25년간, 소득세율에 2.1퍼센트를 더하기로 되어 있다)도 내야 한다. 즉 급여

[그림 1-5] 가처분소득

수입 = 가처분소득 + 비(非)소비지출
(소비 + 저축)　　　(사회보험료 + 소득세)

쉽게 말하자면……

세후 수입 = 급여 = 사회보험료 - 소득세

노동자와 회사가
반반 부담!
노사 절반
　　┌ 건강보험 … 의료 서비스에 관한 보험
　　├ 국민연금 … 노후 생활 보장
　　└ 고용보험 … 실업 기간 일정 수준의 생활
　　　　　　　　　보장

사회가 전액 부담 ── 산재보험 … 업무재해, 통근재해 시 보험

※ 일본의 경우 사회보험료에 '개호보험(한국의 '노인장기요양보험'에 해당 - 역주)'이 하나 더 추가된다. 개호 서비스를 위한 보험으로 만 40세부터 발생한다.

와 임금이 그대로인 한, 우리가 손에 쥐는 수입은 점점 줄어들게 된다.

세후 수입이 감소할수록 소비할 수 있는 돈은 줄어든다. 소비가 감소하면 기업의 매출이 줄고 기업의 매출이 줄면 경제활동이 둔화되어 경세성장률이 낮아진다. 경제성장을 하려면 '최대한' 시장에 돈을 풀어야 한다. 즉 개인의 세후 수입을 늘려야 한다는 것인데, 이것은 기업과 가계의 역할이라기보다는 정부의 역할이다(제4장에서 자세히 설명하겠다).

노동시장이 임금을 결정한다

노동
Labor

노동도 상품의 일종이다

이제 임금에 대해 생각해보자. 독자 여러분은 임금은 그렇게 쉽게 오르지 않는다고 생각할 수도 있다. 대체로 아르바이트는 시급이나 일급 형태로 받고 정규직이나 계약직도 월급이 고정되어 있어서 세후 수입이 좀처럼 오르지 않으니 말이다.

하지만 본래 임금은 노동이라는 상품의 가격이므로 노동시장에서 수요와 공급으로 결정된다. 노동은 희소성이 있는 경제학의 생산요소 중 하나이므로 효율적으로 배분되는 것이 요구된다.

노동력의 수요와 공급으로 결정하는 임금

임금 변동은 수요곡선과 공급곡선의 관계로 설명할 수 있다. 그림 1-6과 같이 세로축은 임금, 가로축은 고용량을 나타낸다. 임금이라는 신호에 따라 수요와 공급이 변한다.

우상향하는 노동 공급곡선은 노동자(노동을 파는 측 = 가계)가 원하는 바를 나타낸다. 임금이 상승하면 일할 의욕이 솟고, 임금을 더 많이 받기 위해 노동 공급량이 늘어난다. 반대로 임금이 하락하면 의욕이 떨어져서 노동 공급량이 줄어든다.

우하향하는 노동 수요곡선은 기업(노동을 사는 측)이 원하는 바를 나타낸다. 기업은 임금이 상승하면 정리해고 등을 통해 고용을 줄이고 임금이 하락하면 고용을 늘리려 한다. 그리고 노동자와 기업이 원하는 바가 만나는 점(균형점)이 실제 임금이 된다.

물론 현실적으로 양측이 원하는 바가 그렇게 쉽게 만나진 않는다. 노동자 중에는 지금 하는 일이 좋아서 자부심을 품고 일하는 사람이나 가족을 부양하기 위해 좋아하지 않는 일도 어쩔 수

NOTE

'시장'은 경제학 특유의 생각에서 나온 개념이다. 어시장이나 청과 시장 같은 시장과 완전히 다른 개념이다. 경제학에서 말하는 시장이란 수요(사고 싶은)와 공급(팔고 싶은)이 가격이라는 조건을 기반으로 거래가 성립하는(균형을 이루는) 곳을 말한다. 시장은 노동시장 외에도 자동차 시장, 아이스크림 시장과 같은 개별 상품(제품) 시장과 주식시장, 환율시장, 채권시장과 같은 금융상품 시장이 있다.

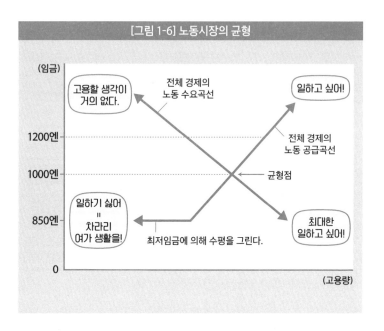

[그림 1-6] 노동시장의 균형

없이 하는 사람도 있다. 이런 사람들은 임금이 하락해도(노동의 가치가 하락해도) 계속 일할 것이다.

그런데 임금이 한없이 떨어지진 않는다. 만약 생활을 유지할 만한 임금을 받을 수 없게 된다면, 노동자는 다른 기업이나 다른 직종으로 이직해야 할 것이다. 하지만 이직할 곳을 금방 찾으리라는 보장이 없다. 또 전반적으로 불경기여서 앞날이 불확실한 시기라면 가족을 부양해야 하는 사람은 그렇게 쉽게 지금 하는 일을 그만둘 수도 없다.

이런 이유에서 노동자들은 단결해서 노동조합을 만들고 임금이 하락하지 않도록 방어한다. 지금은 상당수 국가에서 노동자가 단결해 고용주와 교섭할 권리가 인정되어 있다. 그 결과 명목임금(물가 변동을 반영하지 않은 임금)은 좀처럼 떨어지지 않게 되었다. 이를 명목 임금의 하방경직성이라고 한다.

또 국가는 최저임금법을 제정해 시급 하한선을 설정한다. 일본은 지역별로 다른 최저임금을 적용하고 있으며 790~1,013엔까지 다양하다(한국의 경우 2019년 최저임금은 8,350원이었고 2020년에 8,590원으로 인상되었다 - 역주). 그러므로 어느 수준 이하에서는 공급곡선 일부가 수평이었다가 일정 부분부터 오른쪽으로 올라가는 형태를 그린다.

노동자 중에는 돈을 많이 벌지 않아도 좋으니 아등바등 일하기 싫다거나 일보다는 자유로운 시간(경제학에서는 이를 여가라고 한다)이 더 중요하다고 생각하는 사람도 많다. 하루 24시간이라는 시간을 보낼 때 노동과 여가는 트레이드오프 관계이다. 이 관계는 임금과 개개인의 생활양식(라이프스타일)에 좌우된다. 임금을 많이 받고 싶다면 여가가 아닌 노동을 선택할 것이고 반대로 돈은 어느 정도만 있으면 되니까 노동보다 여가를 즐기고 싶은 사람도 있을 것이다. 또는 먹고 살기 힘들 만큼 임금이 적다면 여가를 즐길 새 없이 더 많이 일해야 할 수도 있다.

또 노동 수요곡선과 노동 공급곡선은 전제조건이 변하면 왼쪽이나 오른쪽으로 수평 이동한다. 일하고 싶은 사람이 늘면 노동 공급곡선은 오른쪽으로 이동한다(임금 균형점은 하락한다). 반대로 일하고 싶은 사람이 줄어들면 노동 공급곡선은 왼쪽으로 이동한다(임금 균형점은 상승한다).

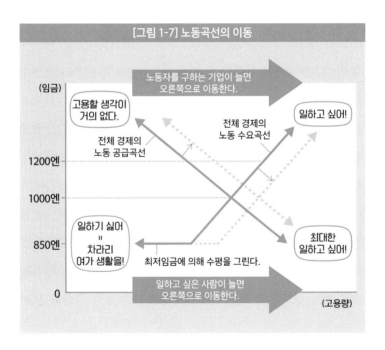

[그림 1-7] 노동곡선의 이동

아니면 노동자를 구하는 기업이 늘면 노동 수요곡선은 오른쪽으로 이동한다(임금 균형점은 상승한다). 노동자를 구하는 기업이 줄어들면 노동 수요곡선은 왼쪽으로 이동한다(임금 균형점은 하락한다).

경기가 좋으면 기업은 노동자를 더 많이 고용하기 때문에 노동 수요곡선은 오른쪽으로 이동한다(임금 균형점은 상승한다). 고용량이 늘어나 경제활동이 활발해지는 등 좋은 일이 많이 일어난다. 다만 임금이 상승함에 따라 일하고 싶은 사람도 점차 늘어난다. 일하고 싶은 사람이 늘면 노동 공급곡선은 오른쪽으로 이동한다(임금 균형점은 하락한다). 그러다가 최종적으로 임금은 일정 수준에 안착한다. 물가가 그대로인 상황에서 임금이 상승하면 가계는 안심하고 소비하게 된다. 그러면 가계의 최종 목표인 행복의 최대화와 사회의 경제성장이 동시에 실현되는 흐뭇한 상황이 된다.

인적자본을 키우는 데 답이 있다

최근에는 가계의 최종 목표인 '행복의 최대화'와 사회의 경제성장이 함께 성립하지 않는 경우가 늘어났다. 2008년, 리먼 브러더스 사태가 터지면서 세계적 경제침체가 발생한 이후에 생긴 경향이다.

2008년 이후, 세계 경제 침체기로 인해 노동 수요곡선이 심하게 감소한 것이다. 노동자를 구하는 기업이 줄면 노동 수요곡선은 왼쪽으로 이동한다(임금은 떨어진다). 그 뒤 경기가 회복하긴 했지만 노동 수요곡선은 이전으로 돌아오지 않고 감소한 상태에 머물러 있다. 이것은 세계적인 현상이다. IT 기술이 발달하고 미래의 경기 전망이 불확실한 탓에 고용을 늘리는 기업이 적기 때문이다.

또 경제가 글로벌화되어 선진국의 기업은 인건비가 싼 신흥국이나 개발도상국에 생산 거점을 옮긴다. 그로 인해 선진국의 일자리가 점점 줄고 있다. 기업은 생산용 기기는 새로 사들여도 노동자를 신규 고용하려 하진 않는다. 많은 노동자가 기술 발달과의 경쟁에서 패배했기 때문이다. 인간이 가진 기술과 조직제도는 기술이 발달함에 따라 뒤처졌다.

즉 글로벌화(자본이동의 자유)와 과학기술 발달이라는 두 요소가 실업자를 양산하고 있다. 인간이 가속화되는 과학기술의 발달에 홀로 남겨지지 않으려면 어떻게 해야 할까? 일단 창업가의 역할이 중요하다. 발상력과 실행력을 겸비한 창업가(기업가)가

새로운 비즈니스를 만들어 고용을 창출하는 것이다.

그와 동시에 인적자본에 대한 투자가 필수적이다. 인적자본은 지식과 기술을 보유해 생산성을 높일 수 있는 인간의 능력을 말한다. 최근에는 인재人才나 인재人財라는 용어를 쓰기도 한다. 사회에 필요한 인적자본을 획득하려면 투자가 선행되어야 한다. 다시 말해 앞으로 사회에서 요구되는 지식과 기술이 무엇인지 찾아내고 그것을 습득해야 한다.

학교 교육과 더불어 다양한 지식과 기술을 익힐 기회가 있어야 한다. 노동과 자유로운 시간(여가)은 트레이드오프 관계라고 했는데, 여가를 즐기는 것도 좋지만 자신을 '교육하고 훈련'하는 데 시간을 투자해야 한다. 그렇게 해서 미래에 큰 수익을 내는 것을 목표로 해야 한다.

제 2 장

기업은 소비자의 만족을 먹고 자란다

기업 경제 지식

최종 목표는 이익의 극대화

기업
Company

기업이란 무엇인가

기업은 생산요소를 인간의 욕망을 충족하는 상품으로 바꾸어 소비자(가계)에게 제공하는 존재다. 여기서 말하는 생산요소는 상품을 만드는 데 이용되는 노동(인적자본), 토지, 자본(재화)이다.

　노동은 상품의 생산 및 판매 등에 종사하는 노동자의 능력을 가리킨다. 인적자본의 질은 교육·훈련·건강에 대한 투자를 통해 향상할 수 있다. 토지는 인간의 개입 없이 처음부터 자연계에 존재한다. 자본(재화)은 상품을 만들기 위해 생산되고 사용되는 기계 및 설비와 원자재를 말한다.

하지만 앞에서도 설명했듯이 이런 생산요소에는 양적인 한계 (희소성)가 있다. 모든 사람의 물질적 욕구와 그 욕구를 충족하기 위해 사용할 수 있는 자원의 양이 차이가 나는 한, 경제적인 문제Economic Problem는 사라지지 않는다. 이 경제적인 문제를 조정하는 것이 기업의 역할이다.

그러므로 경제학은 가계 다음으로 기업을 경제주체로 꼽는다.

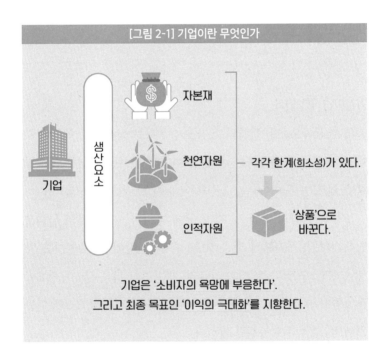

[그림 2-1] 기업이란 무엇인가

자본재

생산요소

천연자원 — 각각 한계(희소성)가 있다.

기업

인적자원 '상품'으로 바꾼다.

기업은 '소비자의 욕망에 부응한다'.
그리고 최종 목표인 '이익의 극대화'를 지향한다.

기업은 상품을 만들고 판매해 소비자의 욕망에 부응한다. 또 기업 경제활동의 최종 목표인 이익의 극대화를 위해 경영한다. 그 중에서도 상품을 만들기 위해 다양한 생산요소를 '독창적으로' 조합해서 상품을 제공하는 사람을 창업가(기업가)라고 한다.

그러면 여기서 상품에 관해서도 살펴보자. 상품은 경세학에서 '재화와 서비스'라고 부른다. 이렇게 추상적인 표현을 하는 이유는 셀 수 없이 많은 상품과 서비스를 하나로 묶어야 하기 때문이다. 일상생활에서 잘 쓰이지 않는 말이므로 여기서는 여러분이 이해하기 쉽게 '상품'이라고 부르겠다.

경제를 활성화하는 필수 존재

기업가
Entrepreneur

기업가란 무엇인가

세상에는 셀 수 없이 많은 기업이 존재한다. 물론 그 기업들이 옛날부터 저절로 존재했던 것은 아니다. 과거 어딘가에서 누군가가 기업가Entrepreneur(창업가)가 되어 세운(설립한) 것이다. 새로운 비즈니스를 만들어 상품을 개발·제공하거나 사람들에게 임금과 고용 기회를 제공하는 것이 기업가의 역할이다.

물론 누구나 기업가가 될 수 있는 것은 아니다. 다른 사람이 간과하는 기회를 인식할 능력이 있고 통솔력과 용기가 있으며 남이 주저할 때 과감히 행동할 수 있는 사람이어야 한다. 기업가는 다른 사람에게는 혼란, 모순, 혼돈으로밖에 보이지 않는 것에서 비즈니스 기회를 발견하는 능력이 필요하다. 기업가는 사회에 꼭 필요한 존재다.

미국에서는 1987년부터 1992년까지 많은 대기업이 대규모 정리해고를 단행했다. 총 230만여 명이 일자리를 잃었다. 그런데 해고당한 230만 명의 노동자가 모두 길거리에 나앉지는 않았다. 그들을 받아줄 약 580만 명 규모의 신규 고용이 있었기 때문이다. 주로 새로 설립한 중소기업에서 창출된 일자리였다.

이렇게 기업가는 실업자를 받아내고 미래의 경제성장을 이끄는 역할도 한다. 제1장에서 소개했듯이 경제학은 상품을 만드는 데 필요한 4가지 요소 ─ 노동, 토지, 자본(재화), 기업가의 능력 ─ 을 생산요소라고 규정한다. 기업가는 이 4가지 생산요소 중 하나로 손꼽힐 정도로 경제에 중요한 존재다.

그래서 CEE(미국 경제교육협의회)는 고등학교를 졸업하기 전까지 기업가 교육을 해야 한다고 생각했다. 원래 미국은 아이가 초등학교에 들어가면 용돈 벌이를 위해 레모네이드를 판매하거나 중·고등학생이 동아리 시합이나 합숙에 참여하기 위해 도넛을 팔거나 세차를 하는 등 간단한 비즈니스로 돈을 버는 데 거부감이 없다.

기업가의 인센티브

기업가는 중요한 존재다. 비즈니스를 할 수 있는 기술, 노하우, 아이디어만 있다고 기업이 성공하진 않는다. 기업의 목적은 '이익의 극대화'임과 동시에 가능한 한 장기간 존속하는 것이다. 가령 대학생은 1년에 한 번 열리는 대학 축제에서 포장마차를 세우고 붕어빵을 구워 팔 수 있다. 하지만 축제가 끝나면 포장마차에서 일하는 종업원과 손님이 사라지기 때문에 그 포장마차는 접어야 한다. 이 경우는 비즈니스이긴 하지만 '창업'을 했다고 할 수는 없다.

기업가는 큰 위험을 감내해야 한다. 회사를 세우자마자 갖가지 비용이 따라붙기 때문이다. 통상적으로 기업은 소비자에게 상품을 판매하고 대금을 받아서 직원들에게 월급을 주고 설비 투자도 한다. 하지만 이제 막 생긴 회사는 소비자가 상품을 구매하기 전 시점에 상품을 제공하기 위해 노동과 자본이라는 생산 요소를 이용해 돈을 써야 한다. 다시 말해 이익이 발생하기 전에 선행투자를 해야 하는 것이다.

이 세상에 없는 새로운 상품을 만들어서 팔려고 하면 위험도가 더욱 높아진다. 소비자가 그 상품에 대해 어떤 식으로 반응할지 실제로 시장에 출시하지 않으면 모르기 때문이다. 어떻게 팔

릴지 모른다. 전혀 팔리지 않을 수도 있다. 그런데도 상품을 만드는 것은 대단히 큰 위험을 감내하는 행위다. 이런 위험을 감수하고 창업을 하는 것은 실패할 위험을 짊어지는 대신, 그 대가로 커다란 보수를 받겠다는, 인센티브(경제적 유인)가 있기 때문이다.

창업가(기업경영자)에게는 이익(이윤)이 중요한 인센티브가 된다. 노동자로 일해서는 얻기 힘든 큰 이익은 금전적인 플러스_正 인센티브가 되므로 창업을 하는 강력한 동기로 작용한다. 실제로 아마존을 설립한 제프 베이조스 Jeffrey Preston Bezos 는 2018년, 역대 최고 부자로 등극했다. 기업가가 기대하는 인센티브는 금전뿐만이 아니다. 사장이 될 수 있는 기회, 이 세상에서 자신의 업적을 인정받을 수 있는 기회, 신제품이나 개량품을 만들 때 느끼는 만족 등이 인센티브가 된다.

한편 마이너스_負 인센티브도 있다. 예를 들어 경영에 실패하여 손실을 입었을 때다. 하지만 때로는 이 손실이 플러스 인센티브로 작용하기도 한다. '기존 방식으로 했더니 손실이 났다. 그렇다면 방법을 바꿔서 다시 한번 해보자'라고 반면교사 삼을 인센티브가 된다.

그 밖에 기업가가 받는 마이너스 인센티브로는 중대한 책임이 따른다는 압박감, 아침 일찍부터 밤늦게까지 일해야 하는 고강도 노동, 사업경영에 따른 여러 가지 스트레스 등을 꼽을 수 있다. 창업가가 될 때는 이런 마이너스 인센티브를 최대한 줄여서 시작하는 것이 바람직하다.

기업가 수업

현재 미국에는 기업과 연계하여 창업가 교육을 하는 고등학교가 있다. 그 지역 기업경영자의 협조 아래 고등학생에게 창업에 대해 생각할 기회를 주는 것이다. 학생들은 그 수업을 듣고 나서 창업 계획서를 작성해 기업경영자들 앞에서 프레젠테이션을 한다. 기업경영자 중에는 그 계획을 듣고 가능성이 있다고 판단해 창업 자금을 출자하는 사람도 있다고 한다.

또 경제학뿐 아니라 경영학도 가르치는 고등학교가 있다. '비즈니스 클래스' 수업은 창업가가 되었다고 가정하고 사업계획을 세우거나 지역 기업경영자와 함께 일하는 경험을 얻을 수 있도록 커리큘럼을 짰다. 사업가로서의 가능성을 고등학교 시절에 파악해서 일찍부터 사회에 나갈 준비를 할 수 있는 셈이다. 이런 수업을 받고 창업에 흥미를 느낀 학생은 대학에 진학해 경영학을 전공하고 자신의 경영 방식을 확립한다고 한다.

경영학의 4요소

1. 관리 : 조직 내부를 어떻게 할 것인가. 예를 들어 '종업원들이 즐
겁게 일하려면 어떻게 하면 될까' 등. (이 분야의 대표적인 학자 : 피
터 드러커 Peter Ferdinand Drucker)

2. 마케팅 : 고객과의 관계를 어떻게 할 것인가. '고객은 어떤 상품
을 원할까' 등. 시장조사 · 상권분석 · PR. (이 분야의 대표적인 학자
: 필립 코틀러 Philip Kotler)

3. 경영전략 : 경쟁상대와의 관계를 어떻게 할 것인가. '경쟁사의 상
품과 차별화하기 위해 고가 / 저가 전략 중 어느 쪽을 택할까?'
등. (이 분야의 대표적인 학자 : 마이클 포터 Michael Eugene Porter)

4. 재무 : 사업자금을 어떻게 조달할 것인가. '가게를 열 때 돈을 어
떻게 마련해야 할까?' 등 재무와 결산에 관한 일.

경영학에서 중요한 점은 관리Management, 마케팅, 경영전략, 재
무라는 4요소다. 이 4가지를 균형 있게 운영하지 않으면 기업의
목적인 이익의 극대화는커녕 기업을 존속시킬 수조차 없다.

관리는 기업 내부의 종업원(직원)과의 관계를 중심으로 기업
의 존속을 생각하는 것이다. 마케팅은 기업 외부 고객과의 관계

를 중심으로 기업의 존속을 생각한다. 경영전략은 기업 외부 경쟁상대와의 관계를 중심으로 기업의 존속을 생각한다.

그리고 4요소 중 특히 중요한 것이 재무다. 기업은 자신이 마

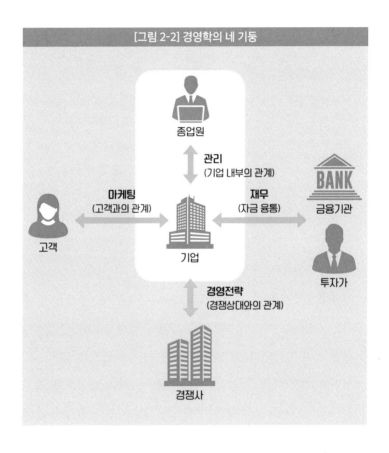

[그림 2-2] 경영학의 네 기둥

종업원

관리
(기업 내부의 관계)

마케팅
(고객과의 관계)

재무
(자금 융통)

BANK
금융기관

고객

기업

투자가

경영전략
(경쟁상대와의 관계)

경쟁사

련한 자본(자금)을 은행 등의 금융기관에 융통해서 활동한다. 금융기관의 금리는 기업 경영에 크게 영향을 미친다. 저금리일 때 기업은 되도록 돈을 많이 빌리려 하겠지만 고금리일 때는 돈을 적게 빌리려 한다.

또 자본은 상품을 만드는 데 필요한 4가지 생산요소 중 하나이지만, 공장·기계·설비 외에 생산에 필요한 돈(자금)도 가리킨다. 이것을 소유한 사람을 자본가라고 한다. 기업을 설립할 때는 자본가가 창업가를 겸해 직접 경영을 시작하기도 하고 자금이 부족한 창업가는 다른 자본가(이것이 조직화된 것이 벤처 캐피털이다)나 금융기관으로부터 출자나 융자를 받아서(돈을 빌려서) 경영을 시작하기도 한다.

기업은 항상 돈이 필요하다

융자와 투자
Financing and Investment

융자와 투자의 차이

앞에서 '융자'와 '투자'라는 용어가 등장했는데 이 2가지는 다음과 같은 점에서 다르다. 융자Financing는 비즈니스가 성공하든 실패하든 기업은 융자해준 금융기관(은행 등)에 원금과 이자를 상환해야 한다. 반드시 갚아야 하는 빚이다. 투자Investment는 비즈니스가 성공했을 때는 기업이 출자자에게 주는 보상(수익배분, 배당)이 커지고, 실패했을 때는 출자자에게 주는 보상이 적어지는, 즉 반드시 갚을 필요가 없는 빚이다. 만약 기업이 도산하면 보상은 0이 된다.

또 투자에는 두 종류가 있다. 하나는 기업이 자본재(공장·기계·설비)를 마련한다는 의미에서의 투자(설비투자)다. 또 하나는 주식이나 채권, FX(외환 차익거래), 부동산 등으로 돈을 운용한다는 의미에서의 투자다. 여러분이 투자라고 할 때는 후자의 의미로 사용하는 경우가 많을 것이다.

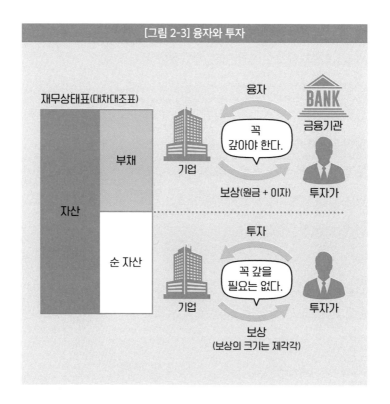

[그림 2-3] 융자와 투자

기업은 사업을 지속하고 신규사업을 위해 금융기관에 융자를 받는다. 또 주식회사의 경우, 융자 외에도 주식(주주의 권리)을 매매해 수중에 자금이 있는 사람들에게 출자를 받기도 한다.

기업이 빚을 지는 것과 가계가 빚을 지는 것은 의미가 다르다. 가계가 빚을 내도 되는 경우는 극히 한정되어 있다. 주택담보대출이나 자동차론 등 생활에 필요하지만 한 번에 대금을 지급하지 못하는 비싼 상품을 구매할 때 빚을 진다. 하지만 평소 생활비는 매월 들어오는 수입으로 해결해야 한다.

반면 기업은 누군가에게 융자를 받아(빚을 져서) 기업 활동을 한다. 융자를 받아도 원금 상환과 이자 지급에 필요한 돈보다 더 많이 벌 수 있다면 기업은 순조롭게 활동할 수 있다. 기업의 재무제표 중 하나인 재무상태표(대차대조표)에 '부채'라는 항목이 있는 것을 보면 애초에 기업활동에는 빚을 지는 행위가 전제되어 있음을 알 수 있다.

경영권을 조금씩 팔아서
자금을 조달한다

주식
Stock

공개회사와 비공개회사

기업의 사업자금(설비자금과 운전자금)이 나오는 곳은 은행만이 아니다. 가족이나 친지, 지원해주는 기업이나 실업가 등 그 기업을 응원해주는 사람들에게 돈을 융통하는 방법도 있다.

하지만 가족이나 친지가 형편이 안 된다면 다른 사람에게 빌려야 하는데, 생판 남에게 한두 푼도 아닌 돈을 빌리기란 사실 불가능하다고 봐야 한다. 그럴 때 사람들에게 조금씩 돈을 받는 방법이 있다. 그것이

NOTE

기업이 사업자금을 금융기관(은행 등)에서 빌리는 것을 '간접금융'이라고 하고 주식을 발행해서 출자자에게서 직접 자금을 조달하는 것을 '직접금융'이라고 한다.

바로 '주식'이다.

자금을 소액으로 쪼개어 주식으로 발행하고 많은 사람에게 조금씩 사게 해서 자금을 모으는 방법이다. 그 돈(출자금)을 바탕으로 사업을 한다.

이런 형태로 자금 조달이 가능한 회사를 주식회사라고 한다. 자금(자본)을 낸 사람을 출자자라고 하고 그 대가로 주식을 보유하게 되니 그 사람을 주주라고 한다. 기업이 이익을 내면 보유 주식 수에 따라서 배당금을 받을 수 있다. 이렇게 해서 조달한 자본은 기업이 돌려주지 않아도 되는 돈이다. 또 주주는 주식을 돈으로 바꾸고 싶으면 주식을 원하는 다른 사람에게 팔거나 주식시장에서 팔면 된다.

주식시장에서는 상장된 공개회사의 주식만 매매할 수 있다. 그 외에는 개별적으로 매매하는데 상장되지 않은 비공개회사의 주식은 일반적으로 매매가 제한(이것을 양도제한이라고 한다)되어 있다. 이렇게 돈을 낸 모든 사람은 주주가 된다.

주주는 경영에 참여할 권리가 있다. 주식회사의 최고의사결정 기관인 주주총회에 출석해 회사의 실적, 경영방침, 임원인사 등 중요사항에 관한 결의(보유 주식 수에 기반한 다수결)에 참여하는 것이다. 원래는 주식을 보유한 사람(출자한 사람) 전원이 회사의 소유자이자 경영자이다. 가령 주주 이외에 다른 경영자가 있다 해도 그것은 주주들이 그 경영자에게 회사 경영을 맡긴 것뿐이다.

그러므로 많은 수수가 농의하거나 과반수 또는 3분의 2 이상의 주식을 보유한 주주가 회사 경영에 불만을 품었을 때는, 경영 방침을 바꾸거나 경영자를 교체할 수 있다. 사장이 해고되는 일이 있을 수도 있다. 경영자는 다수의 주식을 소유한 주주의 지시를 거스를 수 없다.

경영자는 돈을 내준 사람을 주주로 만들어주는데 일정 비율 이상을 갖지 못하게 해야 한다. 그러기 위해 경영자는 친하고 신뢰할 수 있는 사람이나 기업에 많은 주식을 보유하게 하거나 같은 그룹에 속한 회사끼리 서로의 주식을 보유하는 등 자사의 경영 방침에 비판적인 주주가 늘어나지 않도록 하기도 한다.

NOTE

주주는 회사가 수익을 냈을 때 배당금을 받을 수 있을 뿐 아니라 회사 실적이 악화되거나 파산했을 때에도 자신이 출자한 돈 이상의 책임을 지지 않아도 된다는 이점이 있다. 이것을 '유한책임'이라고 한다. 자금 운용이 여유로운 사람은 여러 회사의 주식을 사서(투자해서) 비교적 낮은 위험으로 이익을 얻을 기회를 추구한다.

[그림 2-4] 공개회사와 비공개회사

 공개회사
※ 투자가는 주주가 되어 주주총회에 출석할 수 있다.
※ 주식시장에서 주식을 매매할 수 있다.

 주식회사

출자

주식·배당금

주식 시장	증권 회사

 투자가

 비공개회사
※ 투자가는 주주가 되어 주주총회에 출석할 수 있다.
※ 주식시장에서 주식을 매매할 수 없다.

 주식회사

출자

주식·배당금

 투자가

출자자에게 반드시 돌려줘야 하는 자금 조달 방법

채권
Bond

정기적으로 이자를 받는 또 하나의 방법

앞에서 설명했듯이 기업에는 주식을 구매한 사람(출자자)에게 대한 상환의무가 없다. 그 대신 주주는 그 주식을 주식시장에서 자유롭게 팔 수 있다. 공개회사의 주식 매매는 증권사를 통해 거래된다. 신문이나 TV 뉴스에서 주식이라고 할 때는 거의 공개회사 주식을 가리킨다. 주식시장에서의 거래가격(주가)이 높은 주식은 자산이 된다.

실적이 좋은 회사는 배당금을 많이 받을 수 있으므로 거래가격이 올라가는 경향이 있다(통상적으로 공개할 때보다 상승한다).

반대로 실적이 나쁜 회사의 주식은 배당금이 0일 가능성이 크고 거래가격이 내려가는 경향이 있다. 모든 이가 원하는 주식은 주가가 오르고, 실적이 떨어질 수도 있는 기업의 주가는 모두 외면하기 때문에 가치가 하락한다는 이야기다.

　단 주식시장에서는 기업 실적뿐 아니라 향후 성장 가능성(신기술을 개발한다든가 대기업과 공동 개발을 한다든가)과 수출입 동향 등 다양한 요소가 겹쳐서 주식의 거래가격(주가)이 결정된다. 규모가 큰 주식회사는 주식 외에 회사채라는 채권을 발행해서 자금을 조달할 수도 있다. 쉽게 말해 회사가 지는 빚의 일종이다.

　몇 년 뒤에 상환한다는 약속(증서)을 근거로 사람들에게서 소액의 빚을 지는 형태로 자금을 모은다. 원칙적으로 채권을 산 사람은 발행 시 정해진 이자를 정기적으로 받고 만기일에는 발행 시에 약속된 금액(액면 금액)을 상환(반환)받는다. 이자액과 상환액은 처음부터 정해져 있다. 채권은 채권시장에서 거래되며 가격은 채권시장에서 거래 상황에 따라 변동한다. 이것은 주식과 마찬가지다. 채권도 주식과 같이 돈을 대대

NOTE

각국의 정부가 발행하는 채권을 국채라고 한다. 이것은 정부의 빚이므로 도산에 대한 신용 위험(채권 불이행 위험)이 상당히 낮다고 할 수 있다. 그래서 일반적으로 회사채보다 인기가 많다. 국채는 보통 만기가 5년 뒤, 10년 뒤 등 장기간이며 정기적으로 이자가 지급되고 만기 시 액면 금액이 상환된다. 국채에 관해서는 '제4장 정부 경제 지식'에서 자세히 설명하겠다.

적으로 모으는 방법이지만, 이제 막 생긴 신생기업은 규모도 작고 신용도도 낮아서 발행조건을 충족하지 못한다.

또 민간기업의 경우, 아무리 규모가 커도 도산할 가능성이 있다. 도산하면 원래 받을 수 있는 돈(액면 금액 + 이자) 중 얼마를 돌려받을지 모른다. 이것이 바로 기업의 신용 리스크다.

POINT

주식과 채권(회사채)의 차이

- **주식** : 상환의무가 없다. 기업으로서는 조달자금을 반드시 상환하지 않아도 된다는 이점이 있다. 주식시장에서 매매되고 경영상태와 경기에 따라 주가가 변동한다.

- **채권(회사채)** : 상환 기간이 정해져 있고 기업으로서는 상환을 위한 자금 운용을 생각해야 한다. 채권시장에서 매매되고 경영상태나 경기에 따라 채권가격이 변동한다.

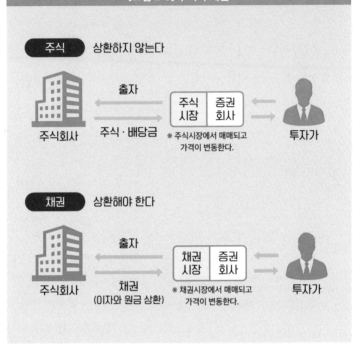

[그림 2-5] 주식과 채권

주식 상환하지 않는다

주식회사 — 출자 → 주식·배당금 — 주식시장 / 증권회사 ← → 투자가
※ 주식시장에서 매매되고 가격이 변동한다.

채권 상환해야 한다

주식회사 — 출자 → 채권(이자와 원금 상환) — 채권시장 / 증권회사 ← → 투자가
※ 채권시장에서 매매되고 가격이 변동한다.

회사 실적은 '알림장'에 전부 다 있다

재무제표
Accounting

재무상태표(대차대조표)와 손익계산서

그러면 여기서 기업의 1년간의 흐름을 살펴보자. 기업은 영원히 존속한다는 전제로 활동하지만 실적은 1년 단위로 끊어서 살펴본다. 이것을 사업연도라고 한다. 몇 월을 기점으로 할 것인지는 기업을 설립한 발기인이 설립할 때 정한다.

사업연도별로 기업은 그 기간의 사업 실적을 재무제표에 정리한다. 재무제표를 보면 기업의 자산과 채산(수익이 났는지 아닌지)을 알 수 있다. 재무상태표(대차대조표)를 보면 자산과 부채가 어느 정도 있는지 알 수 있다. 손익계산서로는 사업 채산성이 좋은

지 아닌지 알 수 있다.

재무상태표는 자금 조달의 원천, 즉 누구에게 돈을 조달했는지, 또는 누구에게 돈을 갚아야 하는지를 오른쪽(대변)에, 그 자금의 운용 형태, 즉 돈을 무엇에 썼는지를 왼쪽(차변)에 기입한다. 그렇게 오른쪽과 왼쪽의 총합계가 일치한다.

또 오른쪽은 상환해야 하는 부분(부채)과 그렇지 않은 부분(자본 또는 순자산)으로 나뉜다. 왼쪽은 자산으로 기업이 소유한 재산을 기입한다. 이렇게 재무상태표는 자산, 부채, 자본(순자산)이라는 세 부분으로 구성된다. 이로써 '자산 = 부채 + 자본'이라는 회계 등식이 성립된다.

손익계산서는 수익과 비용으로 나뉜다. 1회계기간에 속하는 모든 수익과 그에 대응하는 모든 비용을 기재한다. 수익과 비용의 차가 얼마인지 확인하면 이익이 얼마인지 알 수 있다. 기업에 융자한 금융기관과 투자한 주주는 그 기업의 재무제표를 열심히 들여다볼 것이다. 또 앞으로 융자를 하려는 금융기관이나 투자를 고려하는 자본가, 투자가에게는 그 기업을 판단할 수 있는 기준이 된다. 규모가 작은 기업은 대체로 사내에서 직접 재무제표(결산서)를 작성한다. 규모가 큰 기업은 감사법인 등 공인회계사의 확인을 받고 작성한다.

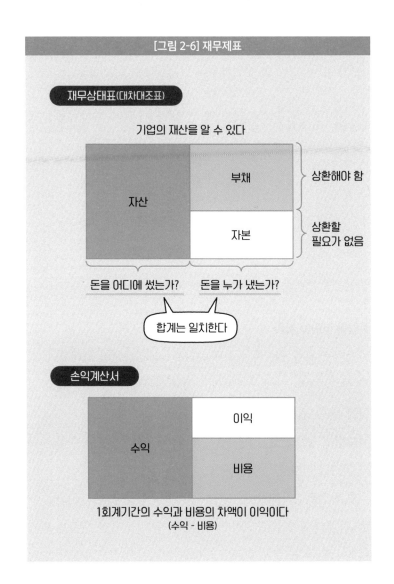

[그림 2-6] 재무제표

재무상태표(대차대조표)

기업의 재산을 알 수 있다

| 자산 | 부채 | 상환해야 함 |
| 자본 | 상환할 필요가 없음 |

돈을 어디에 썼는가?   돈을 누가 냈는가?

합계는 일치한다

손익계산서

| 수익 | 이익 |
| | 비용 |

1회계기간의 수익과 비용의 차액이 이익이다
(수익 - 비용)

어떻게 하면 이익을 극대화할 수 있을까

이익
Profit

수익과 이익의 차이

기업이 경제활동을 하는 최대 목표는 이익(이윤)의 극대화다. 자신이나 가족이 일하는 기업의 이익에 관해 어느 정도는 알고 있어야 한다. 예를 들어 그 회사는 이익을 얼마나 내고 있을까? 이익이라고 뭉뚱그려 이야기했지만, 연 매출과 이익, 연 수입은 각각 얼마나 될까?

연 매출은 그 회사에 1년간 들어오는 돈을 말한다. 수익, 매출, 판매액 등으로 표현한다. 연 매출(수익)에서 연 매출을 얻기 위해 들인 비용(원가 + 경비)을 빼면 영업이익이 나온다. 통상적으로 연 매출의 10~20퍼센트 정도가 영업이익이다. 보통 '회사의 이익'이라고 하면 영업이익을 가리킨다. 또 연 수입은 개인이 1년간 벌어들인 수입을 말한다. 연 매출과 이익과 연 수입의 관계를 식으로 나타내면 다음과 같다.

연 매출(수익·판매액) - 비용(원가 + 경비) = 이익(영업이익)
※ 경비에는 직원 인건비(연 수입)가 포함된다.

　보통은 연 매출(수익·판매액)이 가장 큰 금액이다. 만약 비용이 연 매출을 초과했다면 그 기업은 '적자'라는 말이다. 흑자인지 적자인지는 손익계산서를 보면 확인할 수 있다. 어떤 회사의 사장이 "우리 회사는 1,000만 엔"이라고 했다고 하자. 이 경우 연 매출이 1,000만 엔이라면 개인사업주(예를 들어 자신이 경영자이고 직원도 본인 한 명밖에 없는 경우) 수준이고, 경영이익이 1,000만 엔이라면 연 매출이 5,000만 엔~1억 엔 정도인 기업일 것이다. 연 매출이 1,000만 엔인 경우는 혼자서 연 수입을 결정할 수 있는 개인사업주부터 대기업 직원에 이르기까지 다양할 것이다.

　제1장에서 여러분의 가정을 경제학에서는 가계라고 부르고

가계의 최종 목표는 행복을 최대화하는 것이라고 했다. 제2장에서는 기업에 관해 살펴보았다. 기업의 최종 목표는 이익(이윤)의 극대화다. 기업은 경제활동을 통해 최종 목표인 '이익의 극대화'를 추구한다. 또 각 기업이 경제성장을 이룰수록 경제 전체도 성장한다.

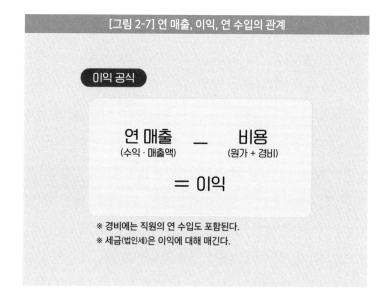

[그림 2-7] 연 매출, 이익, 연 수입의 관계

이익 공식

연 매출 ― 비용
(수익 · 매출액)   (원가 + 경비)

= 이익

※ 경비에는 직원의 연 수입도 포함된다.
※ 세금(법인세)은 이익에 대해 매긴다.

어떻게 매출을 증대할 것인가

수익

Sales

이익과 수익 · 비용의 관계

기업이 이익을 최대화하려면 어떻게 해야 할까? 일단 수익(매출액·연 매출)을 늘려야 한다.

수익은 다음과 같은 식으로 나타낼 수 있다.

연수익 = 평균 객단가 · 총 고객 수

고객 한 명이 평균 얼마만큼 돈을 쓰는가. 이것을 '평균 객단가'라고 한다. 1년간 고객이 몇 명 오는가, 이것이 회전율(총 고객

수)이다. 고객이 몇 명 와서 각각 돈을 얼마나 쓰는가, 그 합계가 수익이다.

수익을 늘리려면 평균 객단가와 총 고객 수 중 하나를 늘려야 한다. 또는 둘 다 늘려야 한다. 이것은 어떻게 늘려야 할까? 객단가를 늘리려면 부가가치(매력)를 높여서 더 많은 돈을 쓰게 해야 한다. 총 고객수를 늘리려면 더 많은 손님이 방문하게 할(또는 자사 상품을 사게 할) 방법을 생각해야 한다.

그런데 앞에서도 말했듯이, 이익을 내려면 또 하나 중요한 요소가 있다. 비용(제조원가 + 경비)이다.

수익(매출액·연 매출) - 비용(제조원가 + 경비) = 이익(영업이익)

이 식을 보면 알겠지만, 이익을 늘리기 위해서는 수익을 늘리든가 비용을 줄이든가 하는 2가지 방법이 있다. 사회가 불경기일 때 기업이 종업원을 줄이거나 급여를 삭감하는 것은 수익이 변하지 않아도 비용이 줄어들면 이익이 나기 때문이다.

[그림 2-8] 수익과 이익

수익

객단가 × 회전율 = 수익
(총 고객수)

수익을 ⬆ 하려면 객단가나 회전율 중 하나,
또는 둘 다 늘려야 한다.

이익

💰 수익⬆ − 👷 비용⬇ = 이익⬆

이익을 ⬆ 하려면 수익을 ⬆ 하거나,
비용을 ⬇ 하거나, 또는 둘 다 해야 한다.

어떤 분야에서 싸울 것인가

비즈니스를 시작하다

Start a Business

비즈니스에서 놓치면 안 될 중요한 2가지

창업가나 기업경영자는 성공하기 위해 어떤 비즈니스를 시작할지 생각해야 한다. 말은 그렇게 하지만 성공하기 위한 아이디어는 그렇게 쉽게 생각나지 않을 것이다. 아무리 통솔력과 용기가 있어도 새로운 사업을 하는 것은 상당한 모험이다. 먼저 지금 하는 비즈니스에서 당신이 비교적 쉽게 시작할 만한 것이 있는지 생각해보자. 예를 들어 5가지 비즈니스라면 무엇이 진입·시행하기 쉬울까?

1. 컵라면을 제조·판매하는 비즈니스

2. 스포츠화를 제조·판매하는 비즈니스

3. 유도 미사일을 제조·판매하는 비즈니스

4. 전력을 제조·판매하는 비즈니스

5. 기관차를 제조·판매하는 비즈니스

먼저 각각의 생산자와 소비자의 수가 얼마나 있는지 생각해 보자.

1번의 경우, 소비자도 많지만 이미 많은 회사가 컵라면을 제조·판매하고 있다. 또 처음부터 대량생산을 해야 하므로 그 나름의 설비투자와 유통 경로를 확보해야 한다. 개업자금을 상당히 많이 준비하지 않으면 진입하기 힘들다.

2번 스포츠화도 소비자와 경쟁사 양쪽 모두 많이 존재한다. 하지만 항상 새로운 디자인이 요구되는 시장이다. 방법에 따라서는 합리적인 가격을 설정할 수도 있으니 비교적 진입하기 쉬울 것이다.

3번 유도 미사일은 군사 목적으로 이용되는 것이므로 구매자가 적고 제조자도 적은 대단히 한정적인 시장이다. 물론 막대한 개발비와 고도의 기술력, 정부와의 신뢰할 수 있는 유통 경로가 필요하다. 신규 진입할 가능성은 없다고 봐야 한다.

4번 전력 제조·판매 사업은 정부 규제가 엄격하고 사업자는 몇몇 대기업으로 한정되어 있다. 전기는 인간의 생활에 빼놓을 수 없는 데다가 대규모 설비를 갖추고 나서 안정적으로 공급해야 하기 때문이다. 재생가능 에너지와 같은 특수한 경우를 제외하고 신규 진입할 가능성은 거의 없다.

5번 기관차를 제조·판매하는 비즈니스는 앞으로도 일정 정도는 필요할 것이다. 하지만 이미 지금까지 해온 업체가 있다. 또 기관차가 필요한 철도회사의 수도 손에 꼽을 정도다. 이것도 쉽게 시작할 수 없으며 시작해도 선행 주자를 제치고 자사 제품을 팔려면 상당히 고전할 것이 예상된다.

그렇게 생각하면 위의 5가지 중 스포츠화를 제조·판매하는 비즈니스가 가장 시작하기 쉽다.

하지만 신규 진입이 수월하다는 점만으로 업종을 선택하는 것이 과연 옳은지 생각할 필요가 있다. 내가 진입하기 쉬우면 남도 진입하기 쉬우니 경쟁상대가 많기 때문이다. 판매자 사이에서 치열한 경쟁이 벌어질 것이다.

품질, 고객 서비스, 디자인과 다양성, 광고 선전을 이용한 PR 등 여러 면에서 경쟁해야 한다. 예를 들어 어떤 지역에 패스트푸드 레스토랑이 몇 개 있다고 하자. 그중 값도 비싸고 맛이 없는데다 점원의 태도도 무뚝뚝한 가게가 있다고 하자. 이 가게는 싸고 맛있으며 서비스도 좋은 경쟁상대에게 고객을 빼앗길 것이다. 그러면 '가격이 비싸고 서빙도 늦으며 점원의 태도가 무뚝뚝한' 패스트푸드 레스토랑은 '합리적인 가격에 점원이 신속하고 친절하게 응대하는' 방향으로 변할 것이다. 만약 변하지 않는다면 그 가게는 문을 닫게 될 것이다.

기업은 항상 자신의 이익을 추구하는 존재다. 하지만 기업 간의 경쟁이 활발하게 벌어지는 한, 다시 말해 구매자(소비자)의 행동(더 싸고 더 좋은 품질의 상품과 서비스를 원한다)에 의해 기업 경영이 좌우되기 때문에 결과적으로 국민 전체의 생활 수준이 향상된다.

즉 경쟁은 모든 판매자(공급자)에 대해 '최대한 저렴한 비용으로 품질 좋은 상품을 소비자에게 제공하도록' 강요한다. 경제학은 이것을 생산성 향상이라고 한다. 각 기업의 생산성이 향상하면 국가 전체의 경제성장이 가속화된다. 그리고 지금 세대뿐 아니라 미래 세대의 생활 수준도 향상된다.

어떻게 이길 것인가

지금까지 봤듯이 비즈니스는 쉽게 시작할 수 있는 비즈니스와 그렇지 않은 비즈니스가 있다. 앞에서 예로 든 기관차 비즈니스 시장은 실제로는 경쟁이 적다. 기관차가 필요한 철도회사 자체가 적기 때문이다.

최근 10년간 미국에는 기관차를 신규 제조하는 기업이 보이지 않는다. 대신 스포츠화나 스포츠웨어를 제조하는 시장에 진입한 기업은 무척 많다(지금도 있다). 그 점을 보면 기관차를 구매하는 사람보다 스포츠화를 구매하는 사람이 훨씬 많다는 것을 알 수 있다. 스포츠화 시장은 활발하다. 스포츠화는 일상용품이므로 만들어서 팔고 싶은 사람도 많고 사고 싶은 사람도 많다.

당신이 스포츠화를 제조·판매하는 비즈니스(스포츠화 제조업체)를 한다고 예를 들자. 스포츠화는 수요도 많고 디자인이나 판매 방식에 따라서 규모가 크지 않은 업체도 성공을 노릴 수 있다.

그러나 진입장벽이 낮으므로 이미 많은 기존 업체가 있고 경쟁이 치열하다. 당신이 스포츠화 업계에 진입한다는 것은 그런 치열한 경쟁에 뛰어든다는 말이다. 하지만 그중에는 가격경쟁에 휘말리지 않는 스포츠화도 있다. 유명 육상선수가 착용해서 입소문이 난 스포츠화나 유명 브랜드의 스포츠화, 젊은이와 특정

인이 선호하는 디자인의 스포츠화 등이다. 이렇게 다른 스포츠화와 차별화할 수 있는 상품은 가격경쟁에 휘말리지 않는다. 그렇게 만들 수 있는 회사가 달리 없어서 원하는 사람이 많기 때문이다. 이렇듯 경쟁상품과 차별화할 수 있는 부분을 찾아 창업가의 능력을 발휘해야 한다.

상품 가격을 결정하는 방법

가격
Price

상품은 시장에서 분배된다

별 특색이 없는 스포츠화가 한 켤레에 5만 엔으로 팔리면 공급 과잉 상태가 되기 마련이다. 일반적으로 상품은 시장에 출시될 때 구매자가 '사고 싶다'고 생각할 만한 가격으로 설정하도록 유도된다. '스포츠화를 원하는' 구매자와 '스포츠화를 팔고 싶어 하는' 판매자 양쪽이 희망하는 가격이 일치할 때, 즉 서로 수긍하는 가격일 때 거래가 성립한다. 이것이 시장원리다.

구매자(소비자)와 판매자(기업)가 만나 거래할 때 시장이 형성된다. 또 소비자와 기업이 서로 영향을 미쳐 시장가격이 자연스럽게 결정되고 그에 따라 희소한(수가 한정된) 상품이 분배된다. 이때 시장에 출시된 상품 가격과 양에 따라 공급 부족이나 공급 과잉이 생길 수 있다.

공급 부족일 때는 판매 상품의 양(공급량)보다 구매자 수(수요량)가 많아서 상품의 가격이 올러긴다. 예를 들어 물고기가 잘 안 잡힐 때 생선 가격이 상승하는 경우가 이에 해당한다.

반대로 공급 과잉일 때는 구매자의 수(수요량)보다 판매 상품의 수(공급량)가 많으므로 가격이 내려간다. 농산물이 풍작이면 가격이 하락하는 경우다.

거래 전에 기업과 소비자는 팔고 싶은 가격과 사고 싶은 가격을 대략 설정한다. 시장에서는 그 가격을 기점으로 거래가 시작된다. 그리고 최종적으로 구매자와 판매자가 의사 교환을 통해 수요량과 공급량이 일치하는 곳에 안착한다.

그와 반대로 가격 자체가 상품의 공급 부족이나 공급 과잉을 초래하기도 한다. 하지만 그때에도 결국 '되도록 비싸게 팔고 싶은' 기업과 '되도록 싸게 사고 싶은' 소비자 모두가 수긍하는 가격에 안착한다.

이렇게 기업과 소비자가 함께 수긍하는 가격을 경제학은 균형가격이라고 부른다. 달리 표현하자면 균형가격은 시장에서 어떤 상품의 거래가 성립할 때의 가격이다. 기업이 팔고 싶다고 생각하는 상품의 가격이 균형가격보다 높을 때는 구매자의 수요량이 적기 때문에 가격이 균형가격까지 내려간다. 가격이 내려가는 동안 상품은 시장에 남아돈다(공급 과잉).

반대로 기업이 팔고 싶다고 생각하는 상품의 가격이 균형가격보다 낮을 때는 구매자의 수요량이 많기 때문에 가격은 균형가격까지 올라간다. 가격이 오르는 동안 상품은 시장에서 부족한 상태(공급 부족)다.

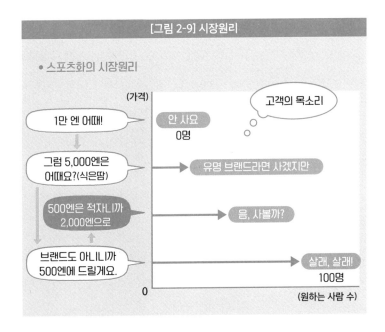

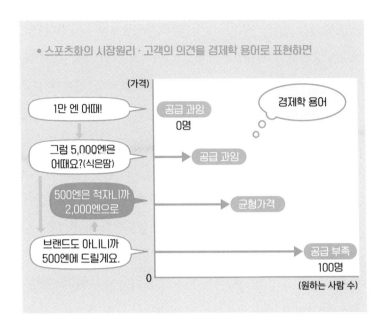

● 스포츠화의 시장원리 · 고객의 의견을 경제학 용어로 표현하면

가격이라는 인센티브

시장원리에서 가격은 구매자와 판매자 양쪽에 인센티브(경제적 유인)로 작용한다. 가격 인센티브를 구매자인 소비자 입장에서 살펴보자. 소비자에게 가격이 변동하는 것은 어떤 인센티브로 작용할까?

어떤 상품 가격이 올랐다고 하자. 판매자(기업)에게는 생산량이나 판매량을 증대하는 인센티브가 생긴다. 가격이 비쌀 때 많이 만들어서 팔면 수익이 나기 때문이다. 구매자(소비자)에게는 가격이 오르면 구매량을 줄이려는 마이너스 인센티브가 생긴다. 예를 들어 원유가격이 상승했을 때를 생각해보자. 원유가격 급등으로 영향을 받아 휘발유 가격이 오르면 사람들은 되도록 차를 이용하지 않고 다른 방법(지하철이나 자전거 등)으로 이동하려고 생각한다. 동시에 차를 새로 사거나 바꾸는 수요도 감소한다.

즉 어떤 상품(재화와 서비스) 가격이 오르면 소비자는 그 상품을 사지 않고 그 상품과 비슷하게 쓸 수 있으면서 더 싼 다른 상품을 찾는다. 이 경우, 휘발윳값이 올라서 차량을 이용하는 비용이 상승했다. 그러자 자동차를 대신하는 이동 수단인 지하철이나 버스, 자전거 등을 이용하는 사람이 늘어났다. 결과적으로 자동차에 대한 수요가 감소한다. 지하철, 버스, 자전거 이동이라는 (자동차와는) 다른 상품을 경제학에서는 대체재라고 한다.

반대로 어떤 상품의 가격이 내려갔을 경우를 생각해보자. 가격이 내려가면 판매자(기업)에게는 생산량이나 판매량을 줄이자는 마이너스 인센티브가 생긴다. 가격이 싸서 팔아도 이익이 적은 상품은 수익이 나지 않기 때문이다. 물론 기술 발달로 생산성이 향상되었거나 저렴한 원재료를 입수해서 싸게 팔 수 있는 경우라면 이익이 나는 범위에서 가격을 인하해 생산량을 늘릴 것이다. 이때 구매자(소비자)에게는 상품 가격이 내려가면 더 많이 구매하자는 인센티브가 생긴다.

또한 흥미롭게도, 저렴해진 이 상품을 어떤 상품의 대체재로 보는 소비자도 나타난다. 그때까지는 다른 상품을 구매했던 사람들이 이 상품의 가격이 내려가 대체재가 될 수 있다는 점을 인식하면 수요량이 증가할 것이다. 예를 들어 석유 대신 셰일가스가 채굴되고 그것이 석유보다 저렴한 가격에 시장에서 판매된다면 어떻게 될까? 소비자들은 기꺼이 석유에서 셰일가스로 갈아탈 것이다. 그러면 셰일가스의 수요량이 증가한다. 이것을 대체효과라고 한다.

또 어떤 상품의 가격이 변하지 않았지만 가계 소득이 변화하면서 그 상품의 구매량이 변화하기도 한다. 가격은 그대로인데 소득이 증가해서 수요량이 늘어나는 것이다(사치품이 이에 해당한다). 반대로 소득이 감소하면 그에 따라 수요량도 줄어든다. 이것을 소득효과라고 한다.

이렇게 대체효과와 소득효과는 수요의 변화로 발생한다. 만약 대체효과와 소득효과가 없으면 시장 경제에서는 가격만이 생산자(기업)와 소비자(가계)의 의사결정에 영향을 미치고 그 의사결정에 따라서 생산요소가 분배된다.

가격과 양은 구매자와 판매자의 마음에 따라 변한다

수요와 공급
Demand and Supply

구매자의 결정은 가격을 따라간다

상품에 대한 수요량은 가격에 따라 변화한다(이것은 뒤에 설명하는 수요곡선상의 이동으로 나타난다). 그와 비교해 소비자의 '소득의 변화', '기호의 변화', 소비자 인구 증감과 같은 '시장의 변화'는 (수요량이 아닌) 수요 자체를 변하게 한다(이것은 수요곡선의 이동으로 나타난다).

스포츠화를 예로 들어 수요의 변화에 대해 생각해보자. 한 회사가 스포츠화를 100켤레 생산했다고 하자. 10대가 선호하는 디자인에다 가격도 그 세대가 구매하기 좋은 5,000엔으로 설정했다. 이때 다음 3가지 경우에 따라 수요가 어떻게 변화할지 생각해보자.

1. 10대들의 용돈이 두 배로 늘었다.
2. 10대를 타깃으로 한 스포츠화를 만드는 회사가 광고홍보 활동을 활발히 하자 청소년들이 그런 비슷한 디자인을 한 스포츠화를 선호하게 되었다.
3. 원래는 10대를 대상으로 만든 스포츠화지만 성인들 사이에서 인기상품이 되었다.

1번은 '소득 변화'에 해당한다. 청소년의 구매 의욕이 증가해 수요가 커질 것이다. 청소년들의 지갑에 여유가 생겼으니 스포츠화 가격을 올려도 될지도 모른다.

2번은 '기호 변화'를 촉발한다. (하나 또는 여러 회사의) 활발한 광고홍보 활동이 청소년의 취향에 영향을 미쳐서 스포츠화 수요(인기)가 커졌다고 해석할 수 있다. 이 경우에도 상품 공급량에 대해 구매자의 수요량이 늘어나기 때문에 가격을 올릴 수 있을지도 모른다. 1,000켤레가 완판될 가능성도 있다. 광고홍보 활동을 하는 회사의 스포츠화 공급량이 증가하기 때문이다.

3번은 '시장의 변화'다. 성인들에게 청소년을 대상으로 한 스포츠화의 수요(인기)가 커져서 원하는 사람이 늘어난다. 기존 소비자(청소년)에 신규 소비자(성인)가 더해져서 스포츠화 시장의 소비자 수가 늘어났다. 성인은 청소년보다 자유롭게 쓸 수 있는 돈이 많으니까 가격을 인상해도 될 듯하다.

이렇게 여러 요인이 수요에 영향을 미친다. 여기서 경제학에서 가장 잘 알려진 '수요곡선'을 훑고 지나가자. 스포츠화의 예를 수요곡선으로 나타내면 135쪽 그림 2-10 ①의 '수요곡선'과 같다. 정상적인 수요곡선은 우하향한다. 세로축이 가격, 가로축이 수요량이다.

수요곡선이 오른쪽으로 갈수록 내려가는 것은 가격이 상승할수록 수요량은 0에 가까워지고 가격이 하락할수록 수요량이 증가한다는 뜻이다. 말하자면 구매자(소비자)의 마음을 그래프로 표현한 것이다. 일반적으로 상품 가격이 비싸면 사람들의 구매 의욕이 꺾인다. 너무 비싸면 사는 사려는 사람이 없어져 0이 된다.

반대로 가격이 싸면 사람들의 구매 의욕이 커져서 이전에는 그 상품을 사지 않았던 사람도 사게 된다. 그래서 상품의 양이 늘어난다.

판매자의 마음도 가격을 좌우한다

우하향하는 수요곡선과는 반대로 '공급곡선'이라는 것이 있다 (136쪽 그림 '공급곡선'). 이것은 판매자(기업)의 마음을 그래프로 나타낸 것이다. 세로축이 가격, 가로축이 공급량이다.

공급곡선은 일반적으로 우 상향한다. 가격이 오르면 공급자는 공급량을 늘리고 싶어 하기 때문이다.

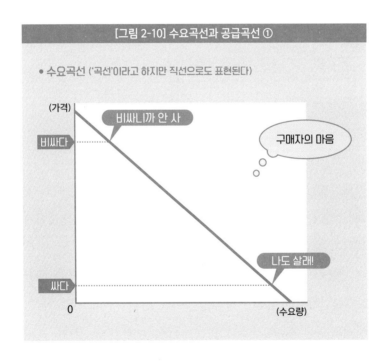

[그림 2-10] 수요곡선과 공급곡선 ①

• 수요곡선 ('곡선'이라고 하지만 직선으로도 표현된다)

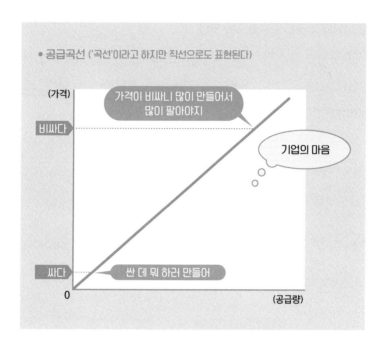

• 공급곡선 ('곡선'이라고 하지만 직선으로도 표현된다)

자, 그럼 스포츠화 한 켤레의 가격은 10대도 살 수 있는 5,000엔이다. 만약 1만 엔으로 가격을 올려도 팔린다면 이익이 늘어나게 되니까 기업은 당연히 최대한 많이 팔고 싶은 마음에 상품을 많이 만들어낸다. 또 새로운 기업도 스포츠화 시장에 진입해 예전보다 더 치열한 경쟁이 시작될 것이다. 상품 가격이 높을 때 생산자의 공급량은 증대한다. 이것을 공급 법칙이라고 한다.

앞에서는 가격이 수요량에 어떤 영향을 미치는지 살펴보았는데, 가격은 공급자에게도 인센티브 신호를 보낸다. 이 신호는 어떤 것일까? 먼저 상품(재화와 서비스) 가격이 오르면 그 상품의 공급량이 증가한다.

예를 들어 스포츠화 가격에는 제조원가인 원재료비와 종업원에 지급하는 돈(인건비), 광열비와 감가상각비(공장·기계·설비 사용에 따른 가치 감소분) 등의 비용, 마지막으로 기업의 이익(이윤)이 포함된다.

가격 = 원재료비 + 인건비 + 전체 경비 + 이익(이윤)

가격이 상승하고 '원재료비 + 인건비 + 전체 경비'(비용)가 그대로인 경우, 이익(이윤)이 증대한다. 그러면 기업은 이익을 더 많이 내기 위해 노동자를 추가로 고용해서 공급량을 늘리려 할 것이다. 스포츠화 가격 5,000엔의 세부 내역이 다음과 같다고 해보자.

가격(5,000엔) = 원재료비(2,500엔) + 인건비·전체 경비(2,000엔) + 이익(500엔)

그런데 스포츠화 가격이 5,000엔에서 5,500엔으로 오른다면, 원재료비(2,500엔)와 인건비·전체 경비(2,000엔)는 그대로이므로 식이 아래와 같이 변한다.

가격(5,500엔) = 원재료비(2,500엔) + 인건비·전체 경비(2,000엔) + 이익(1,000엔)

이익이 500엔에서 1,000엔으로 증대했다. 이렇게 늘어난 이익 일부를 노동자에게 임금(인건비)이라는 가공비용에 얹어서 돌려줄 수도 있다. 노동자로서는 노동에 대한 플러스 인센티브와 공급에 대한 플러스 인센티브라는 2가지 인센티브가 발생하는 것이다. 즉 스포츠화가 잘 팔릴수록 임금이 늘어나니 모두 열심히 일할 것이다.

반대로 스포츠화 가격이 내려가면 어떻게 될까? 다시 한번 가격 5,000엔의 세부 내역을 들여다보자.

가격(5,000엔) = 원재료비(2,500엔) + 인건비·전체 경비(2,000엔) + 이익(500엔)

스포츠화의 가격이 5,000엔에서 4,500엔으로 떨어졌다고 하면, 원재료비(2,500엔)와 인건비·전체 경비(2,000엔)의 합계는 변하지 않으므로, 이 스포츠화 제조업체는 생산을 중단하는 편이 현명하다. 혹여 생산을 중단하고 싶지 않다면 어떻게든 이익을 확보해야 한다. 원재료비나 인건비·전체 경비 중 하나, 또는 양쪽을 다 삭감해서 이익을 짜낼 수 있는지 검토해야 할 것이다.

기령 원재료비(2,500엔)와 인건비·전체 경비(2,000엔) 중 양쪽에서 250엔씩 삭감한다면 스포츠화의 가격 4,500엔의 세부 내역은 어떻게 변할까?

가격(4,500엔) = 원재료비(2,250엔) + 인건비·전체 경비(1,750엔) + 이익(500엔)

이렇게 하면, 가격이 5,000엔일 때와 동일하게 500엔의 이익을 얻을 수 있다. 단 이렇게 하려면 원재료를 더 싸게 납품해줄 업체를 찾거나 원재료의 질을 떨어뜨리거나 노동자의 임금(인건비)을 깎거나 사람을 줄일 필요가 있다.

이 경우 노동자에게 노동과 공급 양쪽에 대한 마이너스 인센티브가 발생한다. 지금까지 했던 것처럼 똑같이 일해도 임금이 줄어들기 때문에 당연히 근로 의욕도 떨어지기 때문이다. 이렇게 가격 저하는 공급량 감소를 유발한다.

상품의 공급량이 변동하는 이유는 가격 변동 때문만은 아니다. 그밖에 기업의 '생산비용 변화', '기술 변화'와 시장의 '판매자(경쟁사) 수의 변화' 등이 있다. 예를 들어 스포츠화 제조업체에서 다음 3가지 변화가 일어났을 경우, 공급량과 시장가격은 어떻게 변할까?

1. 노동자에게 지급하는 임금이 상승했다.
2. 생산라인의 작업 로봇이 증가해, 예전보다 효율적으로 생산할 수 있게 되었다.
3. 수입 스포츠화 수량이 증가했다.

먼저 1번부터 살펴보자. 스포츠화 가격이 5,000엔이며 세부 내역은 다음과 같다고 하자.

가격(5,000엔) = 원재료비(2,500엔) + 인건비·전체 경비(2,000엔) + 이익(500엔)

이때 인건비와 전체경비(2,000엔)가 250엔 올라서 2,250엔이 된다면 어떻게 될까?

원재료비(2,500엔) + 인건비·전체 경비(2,250엔) + 이익(500엔) = 가격(5,250엔)

단순 계산하면 5,250엔이 된다. 이 경우 기업은 2가지 선택지를 놓고 고민한다.

> <A안> 스포츠화의 가격을 5,000엔에서 5,250엔으로 올린다.
> <B안> 스포츠화의 가격은 그대로 두고, 원재료비의 가격이나 이익 중 하나를 삭감한다.

A안의 가격 인상은 사실 상책이 아니다.

B안의 '원재료비의 가격이나 이익 중 하나를 삭감하다'가 현실적이다. 하지만 원재료비 가격을 낮추기도 그렇게 쉽지 않다. 그렇다면 이익을 지금의 500엔에서 250엔으로 낮추는 방법이 있다. 이때 공급량이 변하지 않는다면 당연히 이윤이 반 토막 나기 때문에 기업은 공급량을 늘려서 매출(수익)을 증대함으로써 줄었던 이익을 그만큼 채워 넣으려 할 것이다.

그와 반대로 2번 '생산라인의 작업 로봇이 증가해, 예전보다 효율적으로 생산할 수 있게 되었다'는 노동자 수를 줄일 수 있으므로(인건비 감소), 공급량을 늘리지 않아도 이익이 증대한다(사실 로봇을 새로 구매하면 비용이 들지만 편의상 로봇 구매 비용은 무시하겠다). 예를 들어 로봇을 도입해서 인건비가 500엔 감소한다면, 스포츠화의 가격 5,000엔의 세부 내역은 이렇게 바뀐다.

가격(5,000엔) = 원재료비 (2,500엔) + 인건비 · 전체 경비(1,500엔) + 이익(1,000엔)

    가격은 그대로이고 이익이 500엔 늘었다. 아니면 기업은 늘어난 이익 중 일부를 떼어서 그만큼 가격을 낮출지도 모른다. 즉 가격을 인하해서 소비자의 구매 의욕을 자극하는 전략이다.
    마지막으로 3번의 '수입 스포츠화 수량이 증가했다'를 생각해보자. 이 경우 판매자들 간의 경쟁이 심화된다. 자사 제품에 대한 소비자의 구매 의욕을 자극하기 위해 저가 경쟁이 벌어질 것이다. 즉 스포츠화 전체의 시장가격이 내려간다.

수요곡선과 공급곡선을 읽는 법

이렇게 구매자(소비자)와 판매자(기업)의 마음을 겹치면(양쪽이 수긍하는 가격이 되면) 수요곡선과 공급곡선의 균형점(균형가격)

이 생긴다. 수요곡선과 공급곡선 그래프는 세로축에 가격, 가로축에 수량을 놓고 세로축(가격)을 기준으로 가로축(수량)을 본다. 다시 말해 먼저 가격을 정하면 수량(수요량과 공급량)이 결정된다. 수량은 가격을 좇아 결정된다는 뜻이다.

이 특이한 방식에 주의하자. 보통 우리가 일상생활에서 접하는 그래프는 대개 가로축의 변화에 따라 세로축이 어떻게 변하는지 살펴보게 되어 있다. 그 때문에 경제학을 처음 배우는 사람은 평소와 다른 방식의 그래프를 보고 혼란스러워 한다.

왜 수요곡선과 공급곡선을 이런 식으로 보는가 하면 경제학은 '관례'에 따라 가격을 독립변수, 수량을 종속변수로 취급하기 때문이다. 수요곡선과 공급곡선 양쪽이 일치하는 곳이 균형점이 되며, 그 가격(세로축)이 균형가격이 된다. 또 균형점에 있는 수량(가로축)은 균형수량이라고 불린다.

경제학에서는 소비자(전원)가 사고 싶어 하는 수량인 수요량과 (모든)기업이 팔고 싶어 하는 수량인 공급량이 균형점에서 만남으로써 매매가 성립되고 거래가 이루어진다고 생각한다.

다시 한번 스포츠화의 예를 들어 살펴보자. 수요자(소비자)는 가격이 낮아질수록 원하는 사람이 증가한다. 즉 수요량이 증가한다. 반대로 가격이 높아질수록 원하는 사람이 감소한다. 즉 수요량이 감소한다. 따라서 수요곡선은 우하향한다.

한편 공급자(기업)는 가격이 하락할수록 이윤이 줄어드므로 판매할 생각이 없어진다(공급량이 감소한다). 앞서 설명한 마이너스 인센티브가 작용한다. 반대로 가격이 높아질수록 상품을 많이 만들어서 적극적으로 판매하고 싶어진다(공급량이 증가한다). 따라서 공급곡선은 우상향한다.

이 수요량과 공급량이 안착하는 곳이 균형점이므로 스포츠화의 가격은 5,000엔이 된다. 물론 여름인지 겨울인지에 따라 계절의 영향을 받기도 하고 디자인과 브랜드에 따라서도 균형점이 변한다. 가격의 변화로 구매자(소비자)와 판매자(기업)는 구매와 판매를 어떻게 할지 의사결정을 한다.

앞에서 기업의 목적은 이익의 극대화라고 했다. 하지만 실제로 가격을 정할 때 주도권을 쥔 것은 소비자다. 아무리 기업이 상품을 많이 팔려고 노력해도 소비자가 '그 가격에는 사기 싫어'라고 퇴짜를 놓으면 그만이다. 그러므로 경영자는 시장가격을 근거로 효율적인 공급, 즉 이익을 극대화할 공급법을 궁리한다.

기업이 최대이윤을 얻을 수 있도록 생산하려면 어떻게 해야 할까? 바꿔 말하여 기업이 노동자와 그 밖의 생산요소를 최적의 수량으로 이용하려면 어떻게 해야 할까? 기업경영자는 항상 그

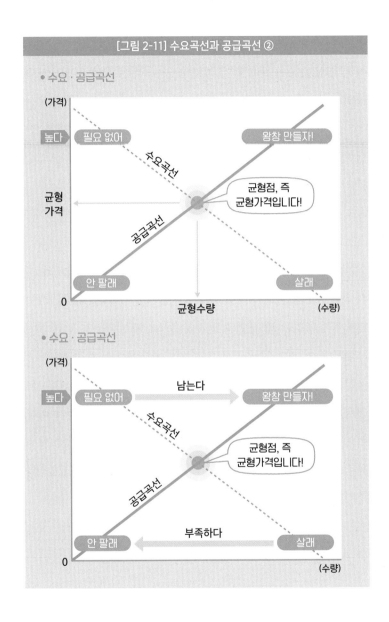

[그림 2-11] 수요곡선과 공급곡선 ②

점을 생각해야 한다. 상품을 얼마에(비용) 만들면 되는지, 또는 상품 생산량을 늘릴 것인지 줄일 것인지, 이런 문제를 선택해야 한다(효율적 선택).

기본적으로 기업이 할 수 있는 일은 다음과 같이 원재료비, 인건비, 전체 경비 부분을 조정하는 것이다.

원재료비 + 인건비 + 전체 경비 + 이윤 = 소비자 희망 가격

가령 '원재료비 + 인건비 + 전체 경비 + 이윤' 중 인건비가 많은 부분을 차지한다면 필요한 수량만큼 상품을 생산하기 위해서 필요한 노동자는 몇 명인지 신중하게 검토해야 한다.

예를 들어 스포츠화의 제조·판매업체라면 노동자 한 명을 고용하는 비용과 스포츠화를 판매해서 얻는 수입을 비교한다. 그런 뒤 노동자를 한 명 더 고용해도 이윤을 얻을 수 있는지 비교한다. 여기에 노동자를 한 명 더 고용한다면? 이런 식으로 이윤을 극대화하기 위해 노동자를 몇 명 고용하면 되는지(효율적인지) 결정해야 한다.

제3장

이자와 신용도, 떼려야 뗄 수 없는 관계

금융 경제 지식

이자가 중개하는 경제활동

금융
Finance

예금은 은행의 빚이다

지금 수중에 목돈이 있다고 하자. 딱히 쓸 곳이 없다면 그 돈을
그냥 두기보다는 어딘가 안전한 곳에 보관하고 싶을 것이다. 지
갑이나 금고에 넣어두면 잃어버리거나 도둑맞을 위험이 있기 때
문이다. 또 현금을 그저 놀려두는 것보다는 다른 사람에게 빌려
주고 이자를 받는 편이 낫다.

가계(일반 가정)의 돈은 소비하거나(재화
와 서비스를 구매하거나) 이자를 받는 조건으
로 남에게 돈을 빌려주거나 하는 트레이드

NOTE

이자란 원금(빌린 돈)에 금리
를 곱한 것으로 '원금 × 금리
= 이자'라는 식으로 나타낸다.

오프 관계에 있다.

상당수 가계(일반 가정)는 은행에 예금계좌를 개설해 지금 당장 쓰지 않아도 되는 돈을 예금한다. 제1장에서 설명했듯이 이것은 은행에 돈을 빌려주는 행위다.

시간과 이자는 트레이드오프 관계다

다음으로 은행에서 돈을 빌리는 쪽을 생각해보자. 가령 창업을 위해 어느 정도의 종잣돈이 필요한 사람이 있다고 하자. 이 경우 열심히 일해서 차곡차곡 돈을 모은 뒤에 사업을 시작하는 방법도 물론 있겠지만, 그러려면 상당한 시간이 걸린다. 자칫 창업 타이밍을 놓칠 수도 있다.

예를 들어 자신과 같은 세대의 청년층에 좋은 반응을 얻을 만한 스포츠화를 만들어서 판매하고 싶은 고등학생이 있다고 하자. 이 학생이 몇 년간 일해서 창업자금만 차곡차곡 모으고 있다가는 고객이 될 청년들은 아저씨가 될 것이다. 스포츠화보다는 명품 구두에 관심을 둘 것이다. 또 선호하는 디자인도 고등학생이었을 때와는 확연히 다를 것이다.

다시 말해 비즈니스를 시작하기에 적절한 시점이 있다는 말이다. 그래서 창업가들은 창업자금을 모으는 시간을 되도록 단축하려 한다. 그들은 이자가 붙는 것을 감수하며 은행에서 돈을 빌리고 일단 창업부터 하고 난 뒤에 대출금을 상환하는 방식을 선택한다.

시간과 이자 중 무엇을 택하는가 하는 트레이드오프다. 곧바로 사업을 시작하고 싶다면 시작하는 데 걸리는 시간을 단축하기 위해 돈부터 빌리고 나중에 이자와 함께 원금을 상환할 것이다. 이자를 내기 싫다면 창업 시기가 늦어져도 시간을 들여 돈을 모을 것이다. 이 경우 이자는 창업하는 데 드는 시간을 단축하는 대가로 지급하는 비용이라고 생각할 수 있다.

가계와 기업과 은행의 관계

가계는 여유 자금을 이자(예금이자)가 붙는 은행에 예금한다. 물론 은행에 예금해도 위험은 있다. 은행이 경영파탄 상태에 빠져 예금인출(변제)을 할 수 없는 가능성이 아예 없지는 않다는 말이다. 하지만 요즘에는 금융 안정성을 위해 '예금자 보호(페이오프)'를 해야 할 의무가 있으며 설혹 은행이 파산하더라도 일정 금액까지는 보호받을 수 있다(한국의 경우 원금과 이자를 합산해

5,000만 원까지 보호된다 - 역주). 위험도가 낮은 편이지만 사실은 은행도 민간기업에 불과하다. 잘못된 방식으로 경영하면 언제든지 예금인출 불능 상태가 될 수 있다는 점을 기억해두자.

그런데 은행은 예금자에게 지급하는 이자(예금이자)를 어떻게 조달하는 걸까? 은행은 가계나 기업에게 맡은 돈을 다른 가계나 기업에 빌려주고 이자를 받아서 수익을 낸다. 예를 들어 가계는 주택이나 자동차와 같은 값비싼 쇼핑을 할 때 은행에 돈을 빌리고, 기업은 설비투자를 위한 자금을 은행에서 빌린다. 여러분도 이미 알다시피 양쪽 다 은행에서 빌린 돈은 이자와 함께 상환한다.

가계 → 이자 → 은행 → 이자 → 기업 또는 가계

이렇게 은행은 돈을 빌려주고 싶은 사람과 빌리고 싶은 사람 사이에서 중개를 한다. 은행을 경제학적으로는 금융중개기관이라고 부른다.

은행이 가계에서 돈을 빌릴(예금을 받아들이는) 때는 이자를 낮게 설정하고 자신이 기업이나 다른 가계에 빌려줄(융자할) 때는 이자를 높게 설정한다. 이 이자의 차액(예대마진)이 은행의 이익이 된다.

가계 → 이자 → 은행 → 이자 + 은행의 이익 → 기업 또는 다른 가계

그러므로 가계와 기업이 은행에서 돈을 빌릴 때는 은행의 이익이 가산된(예금금리보다 높은) 이자로 빌리게 된다. 이 세상에는 이자가 높더라도 당장 돈이 필요해서 빌리려는 사람이 있다. 은행은 이런 사람들에게 돈을 빌려주고 이익을 얻는 것이다. 이렇게 돈을 빌리고 빌려주는 관계를 '금융'이라고 한다.

[그림 3-1] 금융 - 은행과 소비자·기업의 관계

당신의 신용이 대출금액을 정한다

신용
Credit

대출은 신중하게

가계와 기업은 종종 큰돈이 필요할 때가 있다. 예를 들어 자동차
나 주택을 사거나 자녀의 대학등록금을 마련할 때 은행에서 대
출을 받는 경우다. 대출은 필요한 돈을 은행이 대신 내주고 자신
이 갚을 수 있는 범위 내의 금액으로 장기간 조금씩 상환하는 시
스템이다. 물론 이자가 붙는다. 대출 상환 총액은 원금(처음에 빌
린 돈)과 이자를 합친 금액이다.

이자는 '원금 × 금리'로 나타내므로 금리가 높으면 빌리는 쪽
의 부담이 커진다. 반대로 금리가 낮으면 빌리는 쪽의 부담이 덜

하다. 또 상환 기간이 길 때 월 상환액이 적다. 하지만 그동안 이자가 붙기 때문에 이자 총액이 늘어나 원금과 합친 상환 총액이 커진다. 대출을 받을 때는 상환 기간과 이자를 함께 생각해서 자신에게 유리한 지급 기간과 월 상환액을 따져봐야 한다.

그런데 모두가 은행에서 대출을 받을 수 있는 것은 아니다. 예를 들어 일반적으로 고등학생은 대출을 받을 수 없다. 왜 그럴까?

대출을 해주는 사람은 상대방이 확실하게 상환(변제)하기를 바란다. 은행은 상환되지 못할 위험이 있다고 판단된 개인이나 회사에 돈을 빌려주려 하지 않는다. 또 빌려준다 해도 은행이 그 위험을 감수하는 대가로 융자액 한도를 줄이고(대출 한도) 금리도 높게 설정한다.

이미 많은 차입금이 있거나 안정적인 수입이 없거나 위험도가 아주 높은 개인에게는 은행이 대출을 거부하는 일이 종종 있다. 또 은행마다 개별 심사기준이 있다. 대형 시중은행은 심사기준이 엄격하며 새로 생긴 은행이나 소규모 은행, 또는 소비자금융은 비교적 심사기준이 낮다.

대출 거래는 원래 빌려주는 쪽과 빌리는 쪽이 합의하에 자발적으로 하는 것이다. 그러니 한 쪽이 'NO'라고 하면 거래가 성립되지 않는다.

돈을 빌려주는 기준 '3C'

은행은 돈을 빌려줄 때 어떤 기준으로 리스크를 판단(빌리는 쪽을 심사)할까? 그러면 '신용'이니 '담보'니 하는 말이 나오는데 여기서는 알기 쉽게 미국의 금융기관이 채택하는 '3C'라는 기준을 소개하겠다.

3C란 빌리는 쪽에 약속대로 돈을 상환할 의사가 있는가(인격Character), 상환능력Capacity이 있는가, 또는 담보Collateral가 있는가이다. 미국 은행의 융자 담당자는 빌리는 쪽의 이 3C 유무를 살펴보고 대출을 실행할지 판단해야 한다고 한다. 참고로 담보는 상환할 수 없게 되었을 때 돈 대신 제공할 수 있는 부동산이나 유가증권 등의 재산을 말한다.

> **POINT**
>
> **돈을 빌리는 사람의 신용은 3가지 C로 나타난다.**
> - 인격Character
> - 상환능력Capacity
> - 담보Collateral

은행은 3C를 확인해 신용도가 확실한 사람에게는 비교적 낮은 금리로 돈을 빌려준다. 반대로 신용이 없으면 높은 이자를 지불해야 한다. 그러면 고등학생이 대출을 받을 수 있는지 생각해 보자. 먼저 첫 번째 C인 인격은 통과했다고 하자. 하지만 두 번째 C인 상환능력에서 '아웃'일 것이다. "아르바이트해서 갚을게요"라는 이야기는 부모한테나 통하지 은행에는 먹히지 않는다.

세 번째 C인 담보까지 어찌어찌 통과했다고 하자. 그래도 은행은 여전히 리스크가 높다고 생각할 것이다. 대부 리스크가 클수록 상환 불능이 일어날 가능성이 크므로 당연히 금리가 올라간다. 즉 빌리는 쪽의 신용도에 따라 금리가 달라진다는 말이다.

리스크가 지나치게 높으면 돈을 빌려주는 곳은 은행이 아니라 신용판매회사나 소비자금융업체와 같은 제2금융권nonbank이다. 이런 비非은행계 금융기관은 신용심사 기준이 낮은 만큼 금리가 높다. 신용심사를 하는 기관으로는 '개인신용정보기관'이 있다. 개인신용정보기관은 금융업계가 세운 공동이용기관으로 금융업계에 정보를 제공한다.

신용판매회사나 소비자금융업체를 이용하는 사람이 대출상환을 제대로 하고 있는지 과거의 이력을 보관하고 고객이 신용대출이나 담보대출을 이용할 때 신용판매회사, 은행, 소비자금융업체 등에 정보를 제공한다.

리스크와 이자

여기서는 기업과 은행의 관계를 살펴보자. 기업도 가계와 같이 은행에 돈을 맡기기도 하고 빌리기도 한다.

기업의 경우, 저축계좌(입출금계좌)가 아닌 당좌예금계좌를 튼다. 당좌예금계좌는 현금 거래 이외에도 수표나 어음을 이용한 거래를 할 수 있다. 계좌에 들어 있는 금액 내에서 지급할 수 있다. 다만 입출금계좌와 달리 이자가 붙지 않는다.

창업을 할 때는 이익이 생기기 전에 상품과 재료 매입 대금(설비 자금), 사무실 운영경비(임대료, 인건비 등 운전자금) 등 여러 비용이 발생한다. 창업가는 이 자금을 마련해야 한다. 미리 모아놓은 자금을 사용하는 것은 물론이고 돈에 여유가 있는 다른 기업이나 실업가, 또는 가족이나 친지에게 빌리는 방법도 있다. 하지만 대부분 그렇게 해서 필요한 돈을 모으긴 어렵다. 그러므로 기업도 이자를 가산하는 조건으로 융자를 받는다.

은행에서 융자를 받을 때 사업가는 비즈니스 내용을 심사받는다. 가계가 돈을 빌릴 때처럼 3C Character, Capacity, Collateral를 살펴보는 것과 같다. 다만 가계에 대한 심사는 과거에서 현재에 이르는 신용에 중점을 두지만, 기업의 경우에는 미래의 (성장) 가능성을 중점적으로 심사한다.

기업은 어떤 사업 구조로 이익을 낼 것인지 비즈니스 모델을 설명하고 향후 수년 뒤까지의 수지를 예측한 사업계획서를 제출한다. 은행은 그 기업의 신용(사업 장래성, 상환능력이나 담보)을 심사해 리스크가 낮다고 판단되면 돈을 빌려준다(융자한다). 이렇게 기업이 은행에서 사업자금을 빌리는 것을 간접금융이라고 한다. 많은 기업과 가계가 은행에 맡긴 돈을 은행을 통해 빌린다는 의미에서 '간접'이라고 하는 것이다.

다만 가계와 기업이 빌릴 수 있는 돈에는 한도가 있다. 예를 들어 토지담보 가치 이상의 자금은 빌릴 수 없다는 식이다. 아무리 신용도가 높아도 일반적으로는 토지감정가의 60~70퍼센트를 기준으로 대출액을 설정한다. 이것을 신용제약이라고 한다.

또 앞에서 소개한 '스포츠화 업체를 만들고 싶은 고등학생' 같은 창업가는 이렇다 할 신용이 없으므로 심사기준이 높고 신용제약도 높다. 은행은 장기 대부는 리스크가 크다고 판단할 것이다. 아예 대출 자체를 거부하는 곳도 많다.

하지만 최근에는 비즈니스 아이디어를 중시해서 성공 가능성이 있으면 융자를 검토하는 은행도 있으니 대출 가능성이 제로인 것은 아니다. 일반적으로 금융기관은 기업에 원금에 이자를 가산한 금액을 상환하는 조건으로 대출을 실행한다. 또 성장해

[그림 3-2] 금융 - 은행과 소비자 · 기업의 관계

● 예금에 관한 리스크와 보상

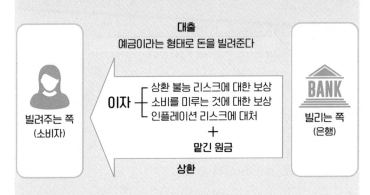

대출
예금이라는 형태로 돈을 빌려준다

빌려주는 쪽
(소비자)

이자 ┤ 상환 불능 리스크에 대한 보상
      │ 소비를 미루는 것에 대한 보상
      └ 인플레이션 리스크에 대처
      +
      맡긴 원금

BANK
빌리는 쪽
(은행)

상환

● 대출에 관한 리스크와 보상 (수익)

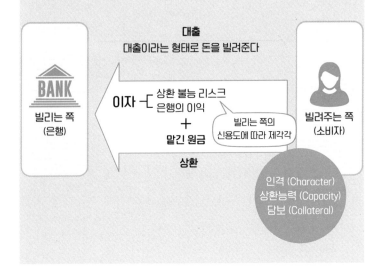

대출
대출이라는 형태로 돈을 빌려준다

BANK
빌리는 쪽
(은행)

이자 ┤ 상환 불능 리스크
      │ 은행의 이익
      +
      맡긴 원금

빌리는 쪽의
신용도에 따라 제각각

빌려주는 쪽
(소비자)

상환

인격 (Character)
상환능력 (Capacity)
담보 (Collateral)

서 주식시장에 상장할 수 있는 유망한 기업이 되면 그 기업의 주주가 되기 위해 '투자'를 하기도 한다.

이렇게 은행(기타 금융기관)과 가계, 기업과의 거래는 신용을 매개체로 이루어진다.

신용도가 높을수록 금리는 낮아진다

신용도가 눈에 보이는 형태로 나타난 것이 금리다. 은행은 신용도가 높은 가계와 기업에는 낮은 금리로 융자한다. 반대로 신용도가 낮은 가계와 기업에는 높은 금리로 융자한다.

은행이 볼 때 가장 신용도가 높은(가장 리스크가 낮은) 융자처는 나라(정부)다. 그 정부의 빚인 국채금리는 당연히 가장 낮게 설정된다. 따라서 국채금리(신규발행 10년채)는 장기금리의 지표로 이용된다. 금리는 시장 경제에서 인센티브(경제적 유인) 역할을 한다. 금리가 변동되면 가계와 기업에는 플러스 또는 마이너스 인센티브가 발생한다.

NOTE

융자Financing를 받으면 비즈니스가 성공하건 실패하건, 기업은 융자해준(대출해준) 금융기관(은행 등)에 원금과 이자를 상환해야 한다. 즉 꼭 갚아야 하는 빚이다. 투자 Investment는 비즈니스가 성공했을 때는 기업이 출자자에게 주는 보상(수익 배분)이 커지며 반대로 실패했을 때는 출자자에게 주는 보상이 적어진다는, 반드시 갚을 필요가 없는 빚이다. 기업이 도산하면 보상은 0이 된다.

금리에는 은행 간 거래금리인 시장금리, 가계와 기업이 은행에 돈을 맡길 때 발생하는 예금금리, 가계와 기업이 은행에 돈을 빌릴 때 발생하는 대출금리 등이 있으며, 각각 소비자, 기업, 투자가, 정부 관계 기관의 차입과 저축에 영향을 끼친다.

원칙적으로 금리는 예금액과 차입액의 균형을 이루도록 하는 시장의 힘(수요와 공급)으로 결정된다. 예를 들어 경기가 좋아지면 많은 기업이 사업 확대와 설비투자를 위해 은행에서 자금을 빌리고, 또는 많은 가계(소비자)가 주택 구매를 위해 대출을 받으려 한다. 돈을 빌리고 싶은 기업이나 가계가 늘어나기 때문에 빌려주는 쪽(은행)이 우위에 선다. 그러면 은행은 금리를 올려서 이익 증대를 꾀한다. 이렇게 자금 수요가 증가해서 금리가 오르는 것을 '상승 압력이 걸린다'라고 한다.

반대로 경기가 나빠져서 기업과 가계가 허리띠를 졸라매면 은행은 기업과 가계가 돈을 빌리도록 유도하기 위해 금리를 내린다. 즉 자금 수요가 감소하면 금리는 하락한다. 이것을 '하락 압력이 걸린다'라고 한다. 금리는 시장의 원리에 따라 정해진다.

은행이 볼 때 '경기가 좋은' 상태란 은행이 많은 기업이나 가계에 돈을 빌려주는 상황을 말한다. 이럴 때는 거래가 늘어나 은행의 잔고도 늘어난다.

돈의 가치와 상품의 가치

― 인플레이션 ―
Inflation

물가 상승률은 1~2퍼센트가 적당하다

금리는 물가와 밀접한 관계를 형성한다. 금리와 같이 물가도 시장에서 결정된다. 물가는 제2장에서 살펴보았듯이 이론적으로는 수요와 공급에 의한 가격 원리로 정해진다.

실생활에는 소비자물가지수CPI, Consumer Price Index가 물가 지표가 된다. 소비자물가지수는 소비자가 실제로 구입하는 단계에서 물가(상품의 소매가격) 변동을 나타내는 지수다. 일본 총무성이 매월 발표하는 소매물가통계조사를 바탕으로 작성되는 지표이며 '경제 체온계'라고도 불린다. 1년 전 지표와 비교한 증감률을 물가 상승률(인플레이션율)이라고 한다(한국에서는 기획재정부 산하 통계청에서 전 도시, 서울 및 주요 도시의 소비자물가지수를 매월 발표한다 – 역주).

경제학 이론에서는 경제가 좋아지면 물가 상승률(인플레이션율)이 올라가고 경기가 나빠지면 물가 상승률이 내려간다고 한다. 먼저 경기가 좋아지는 경우부터 생각해보자.

예를 들어 여러분이 10만 엔을 은행에 예금했다고 하자. 그러면 은행은 그 10만 엔을 X라는 회사에 빌려준다. X사는 그 10만 엔으로 다른 Y라는 회사의 기계를 구매한다. Y사는 매출 10만 엔을 은행에 예금한다. 그러면 여러분의 예금통장에 있는 10만 엔, Y사의 예금통장에 있는 10만 엔이 합쳐져 돈이 20만 엔으로 늘어난다.

이렇게 돈이 늘어나는 것을 은행의 '신용창조 기능'이라고 한다. 원래 세상에 돌아다니던 돈의 총량(여기서는 10만 엔)을 본원통화Monetary Base, Base Money라고 한다. 여기에 신용창조 기능으로 늘어난 돈(10만 엔)을 더한 전체 통화공급량(20만 엔)을 통화량Money Stock, Money Supply이라고 한다. 예금과 대출이 연쇄적으로 반복됨으로써 이론상 돈Money Stock이 증가하는 것이다. 알기 쉽게 말하자면 총예금잔고가 그 시점의 통화량이다.

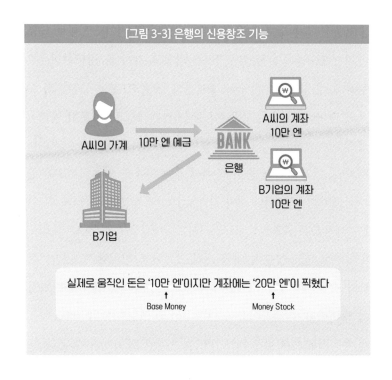

[그림 3-3] 은행의 신용창조 기능

A씨의 가계

10만 엔 예금

BANK
은행

A씨의 계좌
10만 엔

B기업의 계좌
10만 엔

B기업

실제로 움직인 돈은 '10만 엔'이지만 계좌에는 '20만 엔'이 찍혔다
Base Money   Money Stock

통화량이 증가하면 전체적으로 거래가 활발해져 경기가 좋다
는 뜻이며 거래가 활발해질수록 통화량은 증가한다. 일반적으
로는 통화량이 많은 편이 경기에 좋다. 하지만 돈이 지나치게 늘어
나면 문제가 발생한다. 물가가 오르기 때문이다. 즉 통화량(이 세
상에 돌아다니는 돈의 양)이 상품 생산량 증가를 능가하면 장기적

으로는 인플레이션 상태가 된다.

인플레이션이 발생하는 과정은 다음과 같다. 돈이 많아질수록 상품을 살 수 있는 사람이 늘어난다. 그러면 상품 공급보다 수요가 늘어나므로 상품 가격이 상승한다. 바꿔 말해 돈이 지나치게 많아지면 상품에 대한 돈의 가치가 상대적으로 떨어진다는 뜻이다. 인플레이션 증감을 나타내는 비율을 인플레이션율(물가 상승률)이라고 한다. 일반적으로 바람직한 인플레이션율은 연 1~2퍼센트다.

이와 반대로 상품에 대한 돈의 가치가 상대적으로 오르는 상태가 디플레이션이다. 디플레이션일 때는 거의 모든 상품 가격이 하락한다. 디플레이션이 발생하는 과정은 다음과 같다. 시중에 유통되는 돈이 지나치게 적어지면 상품을 구매할 수 있는 사람이 감소해 상품이 남아돌게 된다. 그러면 상품 공급에 대해 수요가 적은 상태이므로 상품 가격이 내려간다.

물가가 하락하면 경기도 가라앉는다

디플레이션
Deflation

디플레이션이 불러온 디플레이션

인플레이션의 반대는 디플레이션이다. 디플레이션인 상황에서는 물가가 점점 떨어진다. 소비자들은 디플레이션이 진행되면 앞으로 상품 가격이 더욱 하락할 거라고 예측해 소비를 뒤로 미룬다. 그러면 상품이 잘 팔리지 않게 되므로 기업은 상품 가격을 낮춘다. 가격 인하로 인해 수익이 감소한 기업은 이익을 확보하기 위해 원가(비용)나 경비를 낮추려 한다. 상품의 원료 대금이나 종업원 급여를 삭감하는 것이다.

NOTE

제2장에서도 이익을 내기 위해 비용(원가 + 경비)을 삭감하는 방법을 소개했다(139쪽).

'이익(영업이익) = 수익(매출액·연 매출) − 비용(원가 + 경비)' 공식을 보면 알 수 있듯이 이익을 늘리려면 수익을 늘리거나 비용을 줄이는 2가지 방법을 써야 한다. 불경기가 되면 종업원을 줄이거나 급여를 삭감하는 것은 수익이 변하지 않아도 비용이 감소하면 이익이 나기 때문이다.

종업원은 시장 전체에서 보면 소비자(가계)의 일부이기도 하다. 만약 우리 사회에 급여가 줄어든 종업원(가계)이 늘어나면 각 가계는 허리띠를 졸라매고 지갑을 닫을 것이다. 그러면 시장에서 상품이 팔리지 않게 된다. 기업은 수익이 줄었으니 이익을 확보하기 위해 다시 종업원의 급여를 줄인다. 그러면 가계는 더더욱 허리띠를 졸라매는 악순환에 빠진다.

디플레이션 환경에서 기업은 신규 설비투자를 하려 하지 않는다. 상품 가격이 떨어지고 잘 팔리지 않아서 수익이 나지 않기 때문이다. 금융기관이 금리를 아무리 낮춰도 돈을 빌리려는 기업이나 창업가가 좀처럼 나타나지 않는다.

각 가정의 살림살이에도 영향을 미친다. 금리가 낮아지면 예금이자로 생활하는 사람은 살림살이가 팍팍해진다. 한편 고정수입으로 생활하는 사람(예를 들어 연금생활자 등)은 들어오는 돈은 변함이 없지만 나가는 돈이 적어지므로 살림살이가 나아진다. 다만 디플레이션이 지속되면 고정 수입(연금 등)도 경기에 따라 줄어들 것이다.

원래는 시중에 유통되는 돈의 총량인 본원통화가 금융기관에 의해 반복적으로 대출됨으로써 신용창조 기능이 발동해 세상의 통화공급량인 통화량이 늘어나는 것이 정성이다. 하지만 디플레이션 상황에서는 돈을 빌리는 사람이 적기 때문에 통화량이 좀

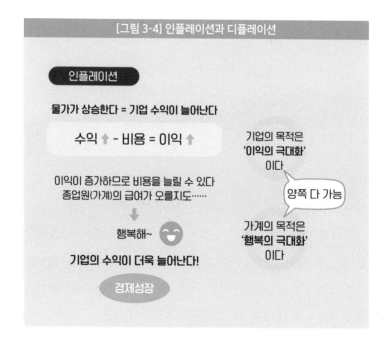

[그림 3-4] 인플레이션과 디플레이션

인플레이션

물가가 상승한다 = 기업 수익이 늘어난다

수익 ↑ - 비용 = 이익 ↑

이익이 증가하므로 비용을 늘릴 수 있다
종업원(가계)의 급여가 오를지도⋯⋯

↓

행복해~

기업의 수익이 더욱 늘어난다!

경제성장

기업의 목적은 '이익의 극대화'이다

양쪽 다 가능

가계의 목적은 '행복의 극대화'이다

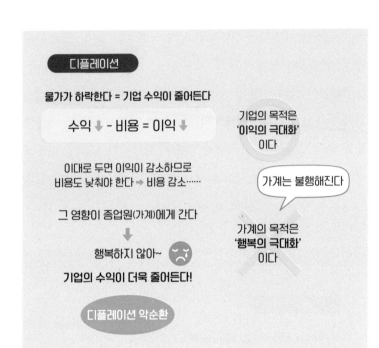

처럼 늘지 않는다. 이러면 경기는 점점 나빠진다.

　이렇게 디플레이션이 디플레이션을 부르는 상황을 디플레이션 악순환Deflationary spiral이라고 한다. 디플레이션 환경에서는 물가가 지속적으로 하락하는 동시에 소비자의 임금도 감소하므로 점점 먹고살기 힘들어지는 것이다.

적절한 인플레이션은 경제를 활성화한다

일본 외의 다른 많은 국가는 대개 인플레이션(물가 상승) 경향을 보인다. 인플레이션은 경제성장과 국민의 생활 수준에 크게 영향을 미친다. 물가가 상승하면 기업의 매출이 증대하고 기업은 이익이 늘어나면 신규 설비투자(공장 건설 등)를 하거나 새로 종업원을 고용한다. 당연히 각 가계의 수입(급여)도 증가한다. 또 은행에서 돈을 빌려 신규 투자를 하려는 기업도 늘어날 것이다. 이렇게 은행의 대출이 증가하므로 경기가 좋아진다(2019년 10월 기준, 인플레이션율을 보면 미국은 1.8%, 유럽연합EU은 1.1%, 일본은 0.2%, 한국은 0.0%, 싱가포르는 0.5%이고 중국과 러시아는 3.8%, 브라질은 2.5%, 인도는 4.6%를 기록했다. 선진국과 비교해 신흥국의 인플레이션율이 높은 편임을 알 수 있다 - 역주).

인플레이션율은 1년간 물가가 얼마나 상승했는지 보는 지표다. 인플레이션 상태일 때 생활이 어려워지는 쪽은 연금 같은 고정 수입으로 생활하는 사람이다. 소득은 일정한데 물가가 올라가니 당연히 생활이 어렵다.

또 예금이자로 생활하는 사람도 살림살이가 팍팍해진다. 예를 들어 1억 엔의 예금이 있고 연 3퍼센트 이자(예금이자)가 붙는다고 하면, 매년 300만 엔의 생활비를 마련할 수 있다. 씀씀이에 신경을 좀 쓰면 원금인 1억 엔을 손대지 않고 생활할 수 있을 것이다. 그런데 인플레이션율이 5퍼센트로 오르면 기존의 300만 엔으로 살았던 내용과 같은 생활을 하려고 할 때 315만 엔이 필요하다. 금리가 변하지 않는다면 예금을 깨서 원금에 손대는 상황이 올지도 모른다.

고정 소득으로 생활하는 사람이나 인플레이션율보다 소득 증가율이 낮은 사람은 지출을 줄여야 하므로 자연히 구매력이 저하된다.

그런데 이와 달리 인플레이션으로 득을 보는 사람도 있다. 고정금리로 대출을 받은 사람이다. 인플레이션일 때는 물가가 상승하는 데 따라 대출금리도 올라간다. 하지만 인플레이션이 발생하기 전에 고정금리로 대출을 받은 사람은 인플레이션에 의한 상승분을 부담하지 않아도 된다.

또 인플레이션은 상품 가치가 돈보다 상대적으로 높아지는, 즉 돈의 가치가 떨어지는 일이므로 차입금이 실질적으로 감소하는 효과가 있다. 이런 이유로 기업은 돈을 빌려 설비투자를 하고 싶어 한다.

소비와 저축은 물가하기 나름

금리와 인플레이션율
Interest and Inflation

인플레이션은 금리를 올린다

개인 금융Personal Finance의 '인플레이션 공식'을 소개하겠다.

> **POINT**
>
> 인플레이션 공식
> **인플레이션은 금리를 올린다.**

앞에서 은행에 맡긴 돈에 이자가 붙는 이유를 설명했는데 그밖에도 '인플레이션 리스크'라는 게 존재한다. 인플레이션은 '물가상승'인 동시에 '화폐가치 하락' 효과를 낸다. 지금이 인플레이션 상태라면 물가 상승률(인플레이션율)보다 높은 금리가 아닐 바에야 돈을 은행에 맡기지 않고 바로 써버리는 편이 낫다.

예를 들어 금리가 2퍼센트, 같은 시기의 인플레이션율이 5퍼센트라고 하면, 은행에 100만 엔을 맡기면 1년 뒤에는 102만 엔이 된다. 그런데 인플레이션율이 5퍼센트이므로 지금 100만 엔으로 살 수 있는 상품은 1년 뒤에는 105만 엔으로 오른다. 즉 돈을 은행에 맡겨두면 1년 뒤에는 그 상품을 살 수 없는 것이다. 그러면 사람들은 '예금을 하지 않고 지금 사야겠어!'라며 소비한다. 저축하는 사람이 줄어들기 때문에 은행에 돈이 모이지 않는다.

금리보다 인플레이션율이 높으면 저축 기간이 길수록 인플레이션율만큼의 손실이 발행한다. 이런 리스크(손실)를 '인플레이션 리스크inflation risk'라고 한다. 인플레이션 리스크가 발생하지 않으려면 금리가 인플레이션율 이상으로 올라줘야 한다. 그래서 인플레이션일 때 은행은 어쩔 수 없이 금리를 올린다.

반대로 디플레이션일 때는 금리가 내려간다. 인플레이션일 때 금융기관은 인플레이션율보다 높은 금리를 매겨서 돈을 모아야 한다. 그러나 인플레이션율이 낮으면 금리를 많이 올리지 않아도 된다는 이야기다. 또 디플레이션(인플레이션율이 마이너스)일

[그림 3-5] 인플레이션과 금리

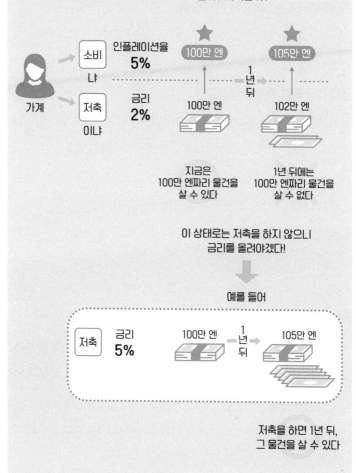

• 100만 엔을 소비(100만 엔짜리 물건)할까? 저축할까?

소비
냐
인플레이션율 5%

저축
이냐
금리 2%

가계

100만 엔 ★

105만 엔 ★

100만 엔
1년 뒤
102만 엔

지금은
100만 엔짜리 물건을
살 수 있다

1년 뒤에는
100만 엔짜리 물건을
살 수 없다

이 상태로는 저축을 하지 않으니
금리를 올려야겠다!

예를 들어

저축
금리 5%
100만 엔
1년 뒤
105만 엔

저축을 하면 1년 뒤,
그 물건을 살 수 있다

때 기업은 설비투자를 할 의욕이 사라지므로 은행은 대출금리를 되도록 낮게 설정한다는 인센티브(경제적 유인)를 제공해서 기업이 쉽게 돈을 빌리게끔 유도한다.

금리가 오르면 주가는 내려간다

금리 변동은 가계뿐 아니라 기업의 주가에도 큰 영향을 미친다. 개인 금융의 법칙 '금리와 주가의 공식'을 소개하겠다.

> **POINT**
>
> 금리와 주가의 공식
> **금리가 오르면 주가는 내려간다.**
> **금리가 내려가면 주가는 오른다.**

'금리가 오르면 주가는 내려간다'라는 말의 뜻은 무엇일까? 대개 기업은 은행에서 돈을 빌리는데 원금에 이자를 더한 금액을 상환한다. 예를 들어 1,000만 엔을 금리 3퍼센트로 빌렸다고 가정하면 갚을 때는 30만 엔의 이자를 붙여서 돌려줘야 한다.

$$1,000만 엔 × 103\% = 1,030만 엔$$

만약 금리가 3퍼센트에서 5퍼센트로 오르면 1,050만 엔을 상환해야 한다. 이렇게 대출금리가 오르면 상환금액이 늘어나기 때문에 기업은 은행에서 돈을 빌리는 데 신중해진다. 그러면 사업 투자금액이 줄어들고 실적이 떨어진다. 그와 연동해서 주가 하락을 예상한 주주들은 그 회사의 주식을 내던지므로(주식시장에 매도한다) 실제로 주가가 하락한다. 즉 그 회사 주식의 인기가 떨어져 원하는 사람이 감소하는 상태다.

또 대출금리가 오르면 그에 따라 예금금리도 오른다. 그러면 그때까지 주식에 투자했던 투자가에게 이율이 높아진 금융상품(예·적금)으로 자금을 이동하는 인센티브(경제적 유인)가 발생한다. 즉 주식보다는 예금이 낫다는 말이다.

금리가 내려갈 때는 이와 반대다. 대출금리가 내려가면 기업은 쉽게 돈을 빌릴 수 있다. 빌린 돈으로 사업에 투자하면 그만큼 매출이 증대되어 실적이 오른다. 그러면 그와 연동해서 그 회사의 주식을 원하는 사람이 늘어나 주가가 상승한다.

대출금리가 떨어지면 동시에 예금금리도 떨어진다. 투자가는 예금금리가 높을 때는 예·적금이나 정기예금 등으로 자금을 운

NOTE

자금을 운용할 때 금융상품 (예·적금)으로 할지 주식투자를 할지 정하는 것은 중대한 결단이다.

NOTE

주식시장의 인기를 지표화한 것으로 일본에는 닛케이 평균주가 지수가 있다. 도쿄 증권거래소 1부에 상장한 약 1,700종목 중 225종목을 대상으로 한 지표다(한국에는 코스피 지수가 있다. 코스피 지수는 한국거래소에 상장되어 거래되는 모든 주식을 대상으로 산출해 전체 장세의 흐름을 나타낸다-역주). 뉴욕증권거래소에는 다우존스 산업 평균지수라는 지표가 있으며, 런던증권거래소에서는 FTSE 100 지수가 있다. 런던 FTSE 100 지수의 영향을 받아 다우존스 산업평균지수가 변동하고 또 그 영향을 받아 닛케이평균주가 지수가 움직이는 경향을 보인다.

용한다. 예금금리가 떨어지면 예금보다 주식의 자산 가치와 배당금에 매력을 느끼는 사람이 늘어나 주식시장 거래가 활발해지면서 주가가 상승하는 것이다. 물론 현실적으로는 그 기업의 실적도 반영하여 주가가 결정되므로 단순하게 금리와 연동되어 있다고 보기는 어렵다.

명목금리와 실질금리

금리와 인플레이션율에는 또 하나 중요한 관계가 있다. 예를 들어 금리가 2퍼센트, 같은 기간의 인플레이션율이 3퍼센트라고 하자. 은행에 100만 엔을 맡기면 1년 뒤에는 102만 엔이 된다. 그런데 인플레이션율이 3퍼센트이므로 지금 100만 엔으로 살 수 있는 상품이 1년 뒤에는 103만 엔으로 오른다. 즉 은행에 돈을 예금해두면 1년 뒤에는 그 상품을 살 수 없다는 말이다(유형 1).

다음으로 금리가 2퍼센트, 그 기간의 인플레이션율이 1퍼센트라고 하면 어떨까? 이 경우 은행에 100만 엔을 맡기면 1년 뒤에는 102만 엔이 된다. 또 인플레이션율이 1퍼센트이므로 지금 100만 엔으로 살 수 있는 상품이 1년 뒤 101만 엔으로 오른다(유형 2).

이렇게 금리에는 인플레이션율이 포함된다. 그러므로 실질적인 금리(순수한 금리 변동)를 살펴보려면 금리에서 인플레이션율을 빼야 한다. 지금까지 '금리'라고 한 것은 정확히 말하자면 인플레이션율을 포함한 '명목금리'다.

명목금리 - 인플레이션율 = 실질금리

유형 1의 금리(명목금리) 2퍼센트, 인플레이션율 3퍼센트의 경우, 1년 뒤에는 같은 상품을 살 수 없다. 이것을 식에 대입하면 다음과 같다.

명목금리(2%) - 인플레이션율(3%) = 실질금리(-1%)

실질금리가 -1퍼센트이므로 은행에 예금하면 손해를 본다는 것을 알 수 있다. 유형 2의 금리(명목금리) 2퍼센트, 인플레이션율 1퍼센트일 때는 다음과 같다.

명목금리(2%) - 인플레이션율(1%) = 실질금리(1%)

실질금리는 1퍼센트임을 알 수 있다.

명목 이율 - 인플레이션율 = 실질 이율

NOTE

투자했을 때의 보상(수익률)이 어느 정도인지 알고 싶을 때는 투자 '이율'을 계산하면 된다. 이때 명목 이율과 실질 이율을 헷갈리면 안 된다. 금융상품의 이율로 계산한 이율을 명목 이율이라고 한다. 명목 이율에는 인플레이션율이 포함되어 있다. 그러므로 인플레이션율을 빼서 실질 이율을 계산해야 한다. 명목 이율로 계산하면 이익이 나는 것처럼 보이지만 실질 이율로 계산하면 이익이 별로 크지 않은 경우가 종종 있다.

중앙은행의 목적은
물가 안정과 금융시스템 안정이다

중앙은행
Central bank

경기의 액셀과 브레이크, 금리의 두 얼굴

지금까지는 일반적인 금리에 관해 설명했다. 현재 금리는 단기금리와 장기금리로 크게 나뉜다(단기금리와 장기금리는 제1장에서도 소개했다). 그중 신용도가 크게 영향을 미치는 것은 장기금리다.

사실상 금융기관이 볼 때 가장 안전하게 돈을 빌려줄 수 있는 곳은 정부가 발행하는 국채다(국가 파탄은 거의 일어나지 않기 때문이다).

정부보다 신용도가 낮은 가계와 기업에 돈을 빌려줄 때는 상환되지 않을 위험도를 국채금리에 얹어서 금리를 설정한다. 즉 국채금리를 기준(특히 장기국채 금리)으로 장기금리가 결정된다는 말이다. 장기금리를 정부가 결정할 수는 없다. 시장에서 신용도에 따라 변동한다.

그에 비해 단기금리는 '정책금리'라고도 한다. 각국의 중앙은행이 정하는 단기간의 돈거래에 이용되는 금리다. 중앙은행은 미국은 연방준비제도Fed, Federal Reserve System 일본은 일본은행이다(한국은 한국은행 – 역주). 미국의 정책금리는 FF금리Federal Fund Rate라고 한다.

일본은행법상 일본은행의 목적은 물가 안정과 금융시스템 안정이라고 규정한다. 한편 미국의 FRB는 금융정책의 목적을 고용 최대화Maximum Employment와 물가 안정Stable Prices, 적절한 장기금리Moderate Long-term Interest Rates라고 명시한다. 20세기 전반, 세계대공황에 의한 대량실업 사태를 겪은 뒤 '고용 최대화'라는 새로운 목표가 추가되었다(한국은행은 물가 안정과 금융 안정을 정책 목표로 명시한다 – 역주).

중앙은행의 역할은 화폐(일본은 일본은행권, 한국은 한국은행권)를 발행하고(금융시스템 안정) 물가를 안정시키기 위해 통화공급량(본원통화 = 시중에 풀린 돈의 양)을 조정한다. 그 수단으로 금리를 유도(금리 조정)한다.

저금리는 경기를 부양하는 액셀 역할을 한다. 돈을 쉽게 빌릴 수 있으니 시장에 유통되는 돈이 늘어난다. 은행에 돈을 맡겨둬도 이자가 적으므로 많은 사람이 예금보다는 현금으로 다양한 일(쇼핑이나 투자)을 하려고 한다. 은행에서 돈을 빌려 새로운 일을 하려는 사람도 늘어난다. 그 효과로 사회의 예금잔고가 증가하고 기업과 가계의 경기가 살아난다. 그러면 물가가 상승한다.

이와 반대로 금리가 높을 때는 기업도 가계도 되도록 돈을 빌리지 않으려 하고 빌린 돈도 빨리 갚으려 한다. 동시에 예금을 하면 이자를 많이 받을 수 있으니 예금자가 는다. 그 결과 사회에 유통되는 돈의 양이 감소한다. 사람들이 지갑을 열지 않기 때문에 기업과 가계 경기가 나빠진다. 이윽고 물가가 떨어진다. 이처럼 금리 상승은 경기에 브레이크 역할을 한다.

중앙은행은 경기의 브레이크와 액셀을 어떻게 조정할까? 중앙은행의 금리 조정은 일반 은행(시중은행)을 통해 이루어진다. 중앙은행을 '은행의 은행'이라고 한다. 시중은행을 감독하고 시중은행에 돈을 빌려주기 때문에 생긴 말이다. 물론 그때는 일정한 이자를 설정한다. 앞서 은행은 가계와 기업이 맡긴 돈을 원금으로 이용해 돈을 빌려준다고 했는데 실은 그 외에도 자금 조달 방법이 있다. 중앙은행에서 돈을 빌리는 것이다. 중앙은행에서 돈을 빌린 시중은행은 인건비와 설비비와 같은 비용과 이익을 계산해 이자에 가산하여 기업과 가계에 대출해준다.

이렇게 중앙은행이 시중은행에 돈을 빌려줌으로써 시장에 돈이 풀리는 것이다. 중앙은행의 대출금리를 일본에서는 '공정보합公定步合'이라고 하며 1990년대 초 금리 자유화가 시행될 때까지 이것을 '금리 유도' 기준으로 삼았다(한국에서는 한국은행 금융통화위원회에서 1년에 여덟 차례 기준금리를 결정한다 – 역주).

중앙은행의 금융정책

일본은 1990년대 금리 자유화가 시행되면서 공정보합이 실질적 효력을 잃고 대출금리와 예금금리의 직접적 연동성이 사라졌다. 지금은 시중은행 간 돈을 대출하는 시장(콜시장)이 존재하고 중앙은행(일본은행)이 그 시장의 금리(단기금리)를 유도목표 수준으로 결정한다. 유도목표 수준이 예전의 공정보합과 같은 역할을 하는 정책금리가 되었다.

일본은행이 경기에 제동을 걸고 싶을 때는(통화공급량을 줄이고 싶을 때), 콜시장의 유도목표 수준 인상을 결정한다. 그러면 대출금리와 예금금리가 인상되므로 시중에 풀리는 돈의 양(통화공급량)이 줄어든다. 이것을 '금융긴축'이라고 한다. 즉 경기에 제동을 거는 것이다.

반대로 일본은행이 경기를 부양하고 싶을 때는(통화공급량을 늘리고 싶을 때) 콜시장의 유도목표 수준을 인하한다. 그러면 대출금리와 예금금리가 인하되어 시중에 풀리는 돈의 양(통화공급량)이 증가한다. 이것을 '금융완화'라고 한다. 그 결과 경기부양이 가속화된다. 중앙은행은 이런 식으로 경기를 조정한다.

단 중앙은행이 유도하는 콜시장의 금리는 초단기금리다. 1년 이상의 장기금리는 유도할 수 없다. 장기금리는 단기금리의 영향을 받는 동시에 시장의 수요와 공급으로 결정되기 때문이다. 경기가 좋아지면 기업은 투자와 고용을 늘린다. 은행에서 대출을 받고 자본시장에서 주식이나 사채를 매각해 자금 조달을 한다. 이 조달금액의 규모가 크기 때문에 장기에 걸쳐 상환하게 된다. 이렇게 장기적 자금 수요가 증가하면 장기금리는 상승한다.

반대로 경기가 악화되면 기업은 투자와 고용에 소극적이 되므로 장기금리 수요도 줄어든다. 그러면 장기금리는 인하된다. 중앙은행은 금융긴축과 금융완화 정책을 시행해 '물가를 바람직한 수준으로 조정'한다는 목적을 달성하려 한다. 이것이 금융정책이다. 일본은 1990년대 초 거품경제 붕괴로 인한 경제 불황을 막기 위해 거의 제로에 가까운 금리정책을 단행하여 경기에 자극을 주려고 시도했다. 하지만 그 정책은 아무 효과를 거두지 못 하고 디플레이션 상태로 진입했다. 2008년 리먼 브러더스 사태를 발단으로 세계가 경기침체에 빠졌을 때 미국과 유럽 국가도 사실상 제로 금리정책을 펼쳐 경기부양을 시도했다.

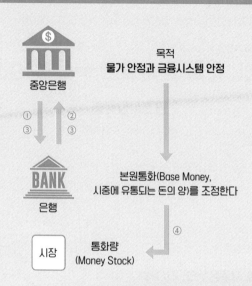

[그림 3-6] 중앙은행의 목적

중앙은행

목적
물가 안정과 금융시스템 안정

① ②
③ ③

은행

본원통화(Base Money,
시중에 유통되는 돈의 양)를 조정한다

시장

통화량
(Money Stock)

④

①	공정보합 (과거의 정책금리)	중앙은행이 시중은행에 빌려주는 금리를 정한다.
②	지급준비율	은행은 일정 비율을 중앙은행의 당좌예금에 예치해야 한다. 이 비율이 시중의 돈의 양을 증감시킨다.
③	공개시장운영	중앙은행이 은행과 채권을 매각해 시중에 유통되는 돈의 양을 증감시킨다. 정책금리(단기금리)를 인상·인하한다.
④	양적완화	중앙은행이 시장의 채권, 증권을 매입해 시중에 유통되는 돈의 양을 늘린다.

중앙은행이 통화량을 조절한다

공개시장운영
Open Market Operation

중앙은행과 시중은행의 국채매매

브레이크와 액셀을 밟아가며 경기를 조절하는 금융정책을 시행할 권한은 중앙은행에 있다. 일반적으로 각국의 중앙은행은 어느 정도 독립성을 갖고 있다. 중앙은행이 독립성을 가져야 하는 이유는 다음과 같다.

　정부는 선거를 통해 뽑힌 국민의 대표(정치가)가 모인 곳이다. 그들은 국민의 생활에 영향을 주는 금융긴축 정책과 같이 경기에 제동을 거는 정책은 좀처럼 시행하려 하지 않는다(인기 하락 우려). 정부가 금융정책을 담당하면 인플레이션으로 국민 경제 규모가 확대되어 물가가 급등해도 경기부양 정책을 중단하지 않을 수 있다. 즉 정부는 할 수 없는 '물가 안정'을 수행할 목적으로 중앙은행이 경제정책을 담당하는 것이다.

중앙은행에 의한 단기금리 유도는 시중은행과 국채를 매매하는 방법으로 이루어진다. 중앙은행이 보유한 국채를 시중은행에 매각하는 것은 시중은행이 가진 돈을 중앙은행이 흡수하는 행위이므로 자금 수요가 증가한다(빌리는 쪽이 볼 때는 돈이 부족한 상태이다). 또 자금 수요가 증가하면 금리 인상에 대한 압박이 가해진다(즉 금리 상승).

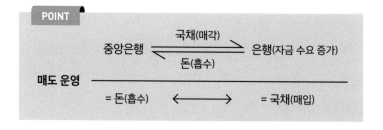

은행은 보유한 돈이 줄어들기 때문에 기업과 가계에 돈을 빌려주기 어려워진다. 반대로 금리를 내리기 위해서는 중앙은행이 시중은행이 보유한 국채를 사들인다. 이렇게 중앙은행이 보유한 돈이 시중은행으로 건너간다. 시장의 통화공급량은 증가한다.

그러면 시중에 유통된 자금에 여유가 생긴다. 즉 자금 공급이 증가한다(빌리는 쪽이 보기에는 돈이 남는 상태). 자금 공급이 증가하면 금리 인하에 대한 압박이 가해진다(금리 하락).

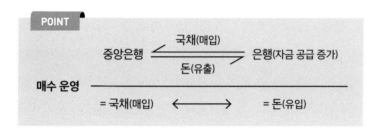

시중은행은 보유한 돈이 늘어나 기업과 가계에 돈을 빌려주기 쉬워진다. 중앙은행의 이런 움직임을 공개시장운영이라고 한다. 중앙은행(한국은행)이 시중은행에 국채를 매각해 시중의 통화공급량을 감소시키고 금리를 올리는 것을 국채를 매도한다고 하여 '매도 운영'이라고 한다.

반대로 중앙은행이 국채를 사는 것을 '매수 운영'이라고 한다. 시중은행이 보유한 국채를 구매해 시중의 통화공급량을 늘려서 금리를 인하하는 것이다.

중앙은행이 통화공급량을 조정하기 위해 시행하는 또 다른 방법은 시중은행에 있는 예금 중 일정한 비율을 중앙은행에 예치

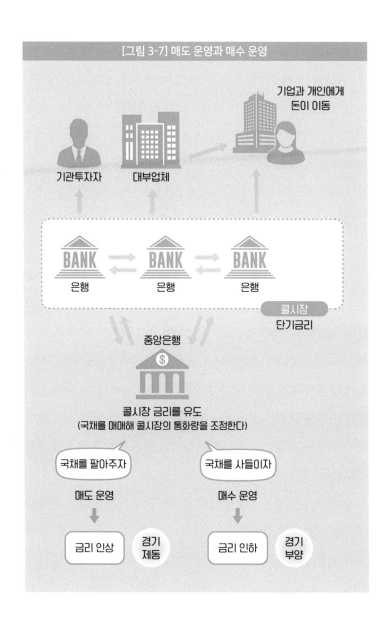

[그림 3-7] 매도 운영과 매수 운영

기업과 개인에게
돈이 이동

기관투자자   대부업체

BANK   BANK   BANK
은행   은행   은행

콜시장
단기금리

중앙은행

콜시장 금리를 유도
(국채를 매매해 콜시장의 통화량을 조정한다)

국채를 팔아주자   국채를 사들이자

매도 운영   매수 운영

금리 인상   경기   금리 인하   경기
            제동   부양

하게 하는 것이다. 이를 법정지급준비율이라고 하며 모든 은행은 예금자가 예금인출을 요구할 때를 대비해 준비금을 예치할 의무가 있다. 중앙은행이 지급준비율을 인상하면 은행은 대출해줄 수 있는 돈이 줄어든다. 즉 통화공급량이 감소한다. 그러면 당연히 금리가 인상된다.

반대로 중앙은행이 지급준비율을 인하하면 시중은행은 대출해줄 수 있는 돈이 늘어나기 때문에 통화공급량은 증가한다. 그러면 금리가 인하된다.

2000년대에 일본은행은 유도목표 수준으로 정한 콜시장(시중은행 간 돈을 빌리는 시장)의 금리를 거의 0으로 설정했지만, 경기부양 효과는 나타나지 않았다. 그러자 일본은행은 방대한 준비예금을 당좌예금에 공급하여 시중은행의 대부금을 늘렸다. 시중은행이 자유롭게 쓸 수 있는 돈을 늘리면 기업에 쉽게 돈을 빌려주리라고 생각했기 때문이다. 통화량Base Money 을 확 늘림으로써 경기를 부양한다는 전략이다. 이것이 중앙은행의 양적 금융완화 정책이다.

하지만 당시 일본경제는 기업이 설비투자를 망설이고 은행도 대출을 쉽게 해주지 않는 상황이었다. 모두 방어적 태세를 취하는 와중에 일본은행이 아무리 양적완화 정책을 시행해도 효과가 나지 않았으므로 디플레이션 상태가 계속되었다.

2013년 일본은행은 몇 년 뒤에는 인플레이션율을 2퍼센트로 만들겠다(즉 디플레이션에서 빠져나오겠다)는 정책을 발표했다. 금리는 이대로 낮은 수준을 유지하면서 물가상승만 2퍼센트로 잡은 것은, 기업과 가계가 앞으로는 물가가 2퍼센트 상승할 것이니 지금 돈을 쓰는 게 낫겠다고 판단해 방어 태세에서 벗어나 공격적으로 소비나 투자에 가담하기를 기대했기 때문이다. 이것을 이차원異次元 금융완화라고 한다.

NOTE

미국은 2008년 리먼 브러더스 사태 이후인 2009년과 2010년, 그리고 2012년에 3차례의 양적완화를 단행했다. 1차 양적완화로 1조 7,000억 달러(약 2,058조 원), 2차 양적완화에는 6,000억 달러(약 726조 원), 3차 양적완화로는 2조억 달러(약 2,422조 원)의 돈을 풀어 미국 국채와 주택저당증권 MBS, Mortgage Backed Securities 을 사들였다. 양적완화 정책 Quantitative Easing Program 은 제3차 양적완화 'QE3'가 2014년 10월 말에 종료했고 지금은 완화 축소 Tapering 정책이 시행되고 있다.

제 4 장

정부의 정책에 따라 국민의 생활 수준이 달라진다?!

정부 경제 지식

나라의 경제 규모를 나타낸다

국내총생산
Gross Domestic Product

정부의 목적은 경제성장 극대화

일본과 미국은 혼합 경제 체제이다. 혼합 경제에서 정부의 역할은 다음과 같다.

1. 법률 제도를 정비한다.
2. 자유 경쟁을 보장한다.
3. 공공재(사회적 인프라)를 공급한다.
4. 외부성을 통제한다.
5. 소득을 재분배한다.
6. 경제를 안정화한다.

소유권, 재산권이나 계약, 분쟁이 발생했을 때 재판 등 법률 제도를 정비한다(1번). 시장원리가 적절하게 작동하도록 자유 경쟁을 보장한다(2번). 민간이 자유롭게 경쟁할 수 있도록 제도 정비를 하는 것이다.

그리고 정부는 민간이 할 수 없는 공공재(사회적 인프라)를 제공하고(3번) 생산자와 소비자 이외의 제삼자에게 예기치 않은 영향을 끼치는 '외부성'을 통제하며(4번), 사회 격차가 지나치게 벌어지지 않도록(부유한 사람에게서 빈곤한 사람에게로) 소득재분배를 시행하고(5번), 지나친 경기 변동을 억제해 경제 안정화를 달성한다(6번).

제1장에서 가계(여러분의 가정)의 최종 목표는 행복의 극대화라고 했다. 제2장에서 기업의 최종 목표는 이익(이윤)의 극대화라고 했으며 제3장에서 중앙은행의 목표는 물가 안정이라고 했다.

중앙은행이 물가를 안정시키면 기업은 마음 놓고 경제활동(생산, 판매)을 통해 이윤의 극대화를 달성하려 하고 가계는 행복의 극대화를 이루려 한다. 가계와 기업의 경제 사이클(순환)이 커질수록 그 나라 경제는 성장한다. 가계와 기업의 경제 순환을 최대한 키우는 것이 정부의 가장 큰 목적 중 하나다. 경제학적으로는 '경제성장 최대화'라고 한다.

정부는 가계와 기업의 경제 순환 규모가 순조롭게 성장하도록 대처해야 한다. 가계가 행복을 최대화할 수 있는 환경이 갖춰져 있는지, 기업이 이익을 최대화할 수 있는 환경이 갖춰져 있는지 생각하고 경제성장을 최대화하도록 정책을 시행한다. 역사적으로 봐도 경제성장은 빈곤을 해소하고 국민의 생활 수준을 높이며 견인했다. 경제가 성장하면 산업을 증대하고 신규고용과 이윤을 창출할 기회가 늘어난다.

국내총생산 GDP 이란

그러면 국가의 경제성장은 어떻게 계산할까? 한 나라의 소득, 고용, 물가 수준은 모든 가계, 기업, 정부기관이 행하는 지출과 생산의 상호작용에 따라 결정된다. 경제성장은 국내총생산 GDP 으로 측정할 수 있다. GDP가 전년 대비 늘었는지 줄었는지 백분율로 나타낸 것을 경제성장률이라고 한다. 경제성장률은 그 나라의 경제성장을 나타내는 지표이다.

GDP를 계산하는 방법을 단순한 예를 들어 살펴보자. 농가에서 일하는 A씨가 사과를 재배했다고 하자. 사과 농사가 풍작이어서 다른 사람에게 한 개 팔기로 했다. 가격은 100엔이다.

NOTE

GDP는 1년 동안 한 나라의 국내 경제활동으로 생산된 최종 상품의 가격이 모두 얼마인지 측정한 총 시장가치를 말한다.
부가가치란 생산·유통·판매 과정에서 새로 부가되는 가치를 말한다.

이 사과를 주스 가공업체인 B사가 샀다. 그러면 부가가치 100엔이 발생한다.

B사는 사과를 주스로 가공해서 레스토랑을 경영하는 C씨에게 300엔에 판매했다. 그러면 사과 매입대금 100엔을 차감한 200엔이 부가가치로 발생한다. 지금까지 거래에서 발생한 부가가치의 총합은 300엔 (100엔 + 200엔)이다. 300엔으로 주스를 산 C씨는 자신이 경영하는 레스토랑에 찾아온 손님에게 600엔에 주스를 판매했다. 이로써 부가가치는 300엔 증가한다. A씨는 100엔, B사는 200엔, C씨는 300엔의 소득(부가가치)을 각각 얻었다. 이 부가가치의 합계 600엔이 GDP이다.

부가가치의 총합이 주스의 최종 가격과 같다는 사실을 알 수 있다. 그런데 위의 경우에서 만약 사과가 뉴질랜드산(수입산)이라면 어떻게 될까? 북반구에 있는 일본과 남반구에 있는 뉴질랜드는 제철이 겹치지 않기 때문에 가공용으로 인기가 많다. 그러면 일본에 수입될 때의 사과 대금 100엔은 국내에서 부가된 가치가 아니다. 뉴질랜드의 부가가치이며 뉴질랜드의 GDP에 100엔이 포함된다. 일본의 GDP로 포함되는 것은 주스로 만들

때의 가공대금 200엔과 레스토랑에서 제공된 300엔, 총 500엔이다.

GDP는 그 나라에서 1년간 생산된 상품의 총 부가가치이며, 경제주체(가계·기업·정부)가 얻은 소득의 총액이다. 즉 그 나라의 경제적 신출액과 소득 규모를 나타내는 기본적인 척도라 할 수 있다.

매년 산출액을 비교하면 경제성장 정도를 알 수 있다. 대체로 매년 몇 퍼센트씩 증가하는 경향을 보이며 그 비율이 바로 경제성장률이다. 나라 경제의 성장 정도를 파악할 수 있는 것이다. 2016년 국제통화기금 IMF이 발표한 실질경제성장률(실질 GDP 성장률)에 따르면 한국은 2.8퍼센트, 일본은 0.9퍼센트, 미국은 1.5퍼센트였다. 고성장을 지속하고 있는 중국은 6.7퍼센트였다.

GDP, 삼면등가 법칙

지금 설명하는 GDP는 생산면(부가가치액)에서 설명했는데 GDP는 생산면(부가가치액) 외에도 분배면(소득), 지출면(소비와 저축)에서도 측정할 수 있으며, 이 3가지 금액은 모두 동일하다. 이것을 삼면등가 법칙이라고 한다.

3가지 금액이 왜 동일할까? 어떤 한 사람의 지출은 다른 사람의 소득이 되고, 그 사람의 지출은 또 다른 사람의 소득이 되어 소비 형태가 돌고 돌기 때문이다. 앞서 사과를 거래하는 예시에서도 잘 나와 있다. 생산, 분배, 지출은 등가가 되므로, 지출액이 변화하면 일반적으로 국가의 소득, 지출, 산출에도 변화가 생긴다.

개인이나 기업의 경제활동이 나라 전체의 경제활동에 영향을 준다는 사실을 개개인은 실감하기가 어렵다. 또 GDP(국가 전체의 지출, 생산, 소득) 변화는 직접적으로 관계가 없는 것처럼 느껴질 수도 있지만, 지금까지 보아왔듯이 GDP와 경제성장은 여러분의 경제활동을 국가라는 단위로 나타냈음을 알 수 있다.

명목 GDP와 실질 GDP

GDP가 국가 경제의 크기를 나타낸다고 하면, 그러면 계속 증가시키면 되겠다고 생각할 수도 있다. 하지만 GDP는 그렇게 쉽게 늘릴 수 없다. 한 나라에서 상품 총공급에는 한계가 있기 때문이

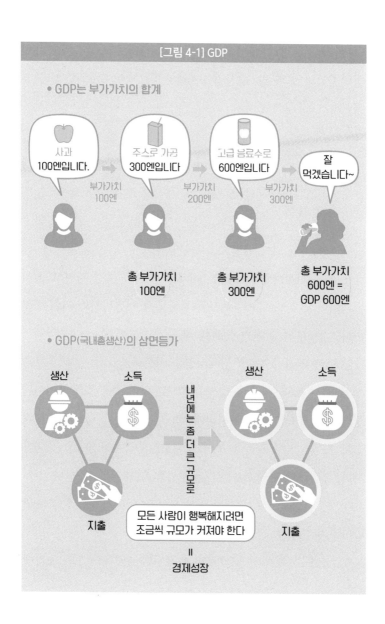

[그림 4-1] GDP

• GDP는 부가가치의 합계

사과
100엔입니다.

부가가치
100엔

주스로 가공
300엔입니다

부가가치
200엔

고급 음료수로
600엔입니다

부가가치
300엔

잘
먹겠습니다~

총 부가가치
100엔

총 부가가치
300엔

총 부가가치
600엔 =
GDP 600엔

• GDP(국내총생산)의 삼면등가

생산   소득

지출

내년에는 좀 더 큰 규모로

모든 사람이 행복해지려면
조금씩 규모가 커져야 한다
=
경제성장

생산   소득

지출

다. 이것을 잠재 GDP라고 한다. 잠재 GDP는 그 나라가 보유한 천연자원의 질과 양, 생산력(노동력의 양과 숙련도) 등에 따라 결정된다.

NOTE

생산요소는 상품을 창출하는 데 필요한 4가지 자원(토지, 자본, 노동자, 기업가)을 말한다.

생산요소의 절대량과 질에는 한계가 있다. 그러나 상품의 질은 기술 진보와 기계 설비 개량 및 개선으로 대응할 수 있다. 또 노동의 질도 미숙련 노동자가 교육을 받고 숙련 노동자가 되는 방법으로 개선된다.

또 원료(자원) 문제도 있다. 대체로 자원은 특정 지역(국가)에 편재되어 있으므로 모든 원료를 자국에서 해결하기란 어려운 일이다. 대부분의 국가는 원료를 해외에서 조달해 국제분업체제(253쪽)에 편입함으로써 경제성장을 이룬다.

공급된 상품의 총합을 총공급이라고 하며 총공급이 최대화된 상태가 잠재 GDP다. 이 시점에서는 이론상, 공급능력이 100퍼센트 가동되므로 모든 노동자가 일하고 있는 완전고용 상태가 된다. 그러므로 잠재 GDP를 '완전고용 GDP'라고도 한다. 잠재 GDP는 현실적으로 존재하지 않으므로 이론상 개념이라고만 알아두자.

또 GDP는 현재 돈의 가치로 측정된다. 따라서 GDP 증가에는 상품의 산출액 증가뿐만 아니라 물가 상승(인플레이션율)도 포함되어 있을 가능성이 있다. 그러므로 인플레이션율만큼 조정한다. 이 GDP를 실질 GDP라고 한다. 조정하기 전의 GDP를 명목 GDP라고 한다(금리에 명목금리와 실질금리가 있는 것과 같은 맥락이다).

실질 GDP = 명목 GDP - 인플레이션율

국가는 실질 GDP를 기준으로 국민의 생활 수준을 매년 또는 다른 나라와 비교할 수 있다.

국가 경제활동이 원활하게 운영되도록 조정한다

재정정책
Financial Policy

재정정책이 하는 역할 3가지

정부와 사회(가계·기업·은행)와의 관계를 살펴보자. 정부는 가계·기업·은행에서 세금(가계는 소득세, 기업과 은행은 법인세)을 징수하고, 가계·기업·은행에 공공재(사회 인프라)와 행정 서비스(안전, 교육 등)를 제공한다.

또 가계에는 공무원 급여나 사회복지를 제공하거나 기업에 사회적 인프라(도로, 다리, 학교 등)를 정비하는 공공사업을 발주한다. 그리고 생활이 어려운 가정(가계)에는

NOTE

행정 서비스에는 주민등록증을 발행하는 사무 업무부터 건강보험이나 생활 보호 같은 복지 서비스 등 우리 생활에 꼭 필요한 다양한 업무가 있다.

생활 보장을 기업에는 보조금 형태로 융자나 투자를 실행한다.
경제학에서는 정부의 재정정책은 크게 다음 3가지 역할을 한다
고 규정한다. 바로 자원배분, 소득재분배, 경제안정화다.

자원 배분은 희소성이 있는 생산요소가 적절하게 분배되도록
조정하여 시장원리가 석설히 작용하도록 정책적으로 유도하는
것이다(예를 들어 생산요소를 독점해서 비싸게 팔아먹으려 하는 독점
기업이 나타나지 않도록 하는 것).

소득재분배는 시장원리가 정상적으로 기능해도 부(소득)의 편
차가 날 수밖에 없으므로, 그 점을 조정한다(예를 들어 소득 격차
를 조정하기 위해 고소득자에게는 높은 세율을 매겨 세금을 징수하고
저소득자에게는 보조금을 지급하는 것 등).

경제 안정화는 경기는 좋아졌다가 나빠졌다가 하는 상태를 반
복하는데(순환) 그 정도가 심하면 안정적으로 생활할 수 없으므
로(회사가 도산하거나 정리해고를 당하거나) 정부가 경기를 조절해
서 경제 안정화를 꾀하는 것이다.

또 재량적 재정정책을 통해 정부가 의도적으로 정부지출(공공
사업 등)이나 조세 수준을 변경하기도 한다. 이것은 그 나라의 생
산액, 고용, 물가 수준에 영향을 끼친다.

실업자를 고용하는 것은 정부와 기업 중 어느 쪽

경제성장률을 높이려면 실업률을 줄이거나 총수요를 늘리는 등 다양한 방법이 있다. 하지만 정부가 취할 수 있는 가장 간단한 방법은 '실업자에게 일자리를 주는 것'이다. 실업자가 일할 수 있게 하는 방법은 다음 2가지가 있다.

- 정부가 직접 실업자를 고용한다.
- 기업이 실업자를 고용한다.

둘 중 하나를 채택(예를 들어 법적으로 채용을 의무화함)하면 실업 문제는 금방 해결된다. 총수요도 증가할 것이다. 하지만 그렇게 해서 실업자를 고용한다고 했을 때 그들이 할 만한 일이 얼마나 있을까? 고용만 하고 막상 수입을 창출하는 일을 시키지 못하면 어떻게 될까? 고용 주체가 정부라면 정부지출이 증대해 재정 적자가 증가할 것이다. 이 재정적자를 메꾸는 것은 국민의 세금이다.

고용 주체가 기업인 경우에도 비용(인건비)만 늘어나서 눈 깜짝할 새에 적자가 날 것이다. 그러면 법인세를 내지 못하게 되니까 결국 재정적자가 증대한다. 이렇게 생각하면 강제적으로 고용하게 하는 것은 효과적이지 않을 뿐 아니라 국민의 생활을 압박한다는 것을 알 수 있다. 그래서 정부는 재량적 재정정책을 펼치는 방법을 택한다. 방법은 다음과 같다.

- 정부가 공공사업을 확대하여 고용을 늘린다.
- 기업이 새로운 사업을 마련하여 고용을 늘린다.

정부가 전국적으로 IT 인프라를 증대하는 공공사업을 시행하면 돈은 들지만, 고용을 창출할 수 있다. 정부로서는 공공사업을 해서 시너지를 내는 셈이니 고용을 늘리면 된다. 또 정부가 설비 투자 감세 정책을 펼쳐 기업이 새로운 사업을 창출하도록 유도할 수도 있다. 기업이 신규 비즈니스를 만들면 고용이 증대하고 이익이 나기 때문에 정부의 세수도 늘어날 것이다.

사실, 비즈니스는 기업이 정부보다 한 수 위다. 그렇게 생각하면 정부는 기업을 지원하고 사회 인프라를 정비한 다음 뒤로 물러나 민간기업의 활약을 지켜보는 전략을 취하는 것이 나을 수도 있다. 그렇다면 기업이 원하는 인재로 양성하기 위한 실업자와 청년층 대상의 교육 프로그램도 필요할 것이다. 이것은 우리 생활에 정부가 어디까지 관여해야 하는가, 즉 큰 정부와 작은 정부 중 무엇을 지향해야 하는가, 라는 논의로 이어진다.

정부는 어디까지 국민을 돌봐야 할까

큰 정부와 작은 정부

Big Government vs. Limited Government

정부와 민간의 적정거리

정부를 운영하려면 막대한 비용이 든다. 공무원의 인건비, 세금 징수 비용, 징수한 세금을 목적별로 분배하기 위한 비용, 분배가 잘 되었는지 감시하기 위한 비용, 이미 건설된 사회적 인프라(도로, 다리, 댐 등)를 유지 보수하는 비용 등이다.

국민에게 충분한 행정 서비스를 시행하려면 그만큼 비용이 들기 마련이다. 이 비용은 보통 세금으로 충당한다. 자원을 국유재산으로 매각할 수 있는 자원국(예를 들어 사우디아라비아)은 세금을 많이 걷지 않아도 행정 서비스를 제공할 수 있긴 하다.

큰 정부란 사회적 인프라와 행정 서비스를 충실히 갖추는 정부다. 정부는 기업 활동에 관해 조언하거나 규제하지만 운영 내용이 충실한 만큼 비용도 많이 들기 때문에 세금이 더 필요하다.

한편 작은 정부란 사회적 인프라와 행정 서비스를 최소 한도로 제공하는 정부다. 이 경우 정부는 기업에 되도록 간섭하지 않는다. 물론 국민이 내는 세금도 그만큼 적어진다. 큰 정부와 작은 정부 중 어느 쪽을 선택할지는 당시의 정권에 달렸다. 납세자(유권자)가 행사하는 선거에서 다수를 점유한 정당의 방침에 따르는 것이다. 1980년대에는 작은 정부를 선택하는 정권이 각국에 증가했다. 일본에서도 민영화에 의해 국철이 JR(일본여객철도주식회사)로, 일본전신전화공사가 NTT(일본전신전화주식회사)로, 전매공사가 JT(일본담배산업주식회사)로 민영화, 즉 주식회사 체제로 이행되었다. 2000년대에는 우정사업이 일본우정주식회사로 이행했다. '민간이 할 수 있는 일은 민간에서'라는 방침이다.

감세, 아니면 증세

큰 정부와 작은 정부라는 문제에 관해 늘 치열한 논쟁을 벌이는 나라가 미국이다. 미국은 대통령 선거 때마다 세금이 쟁점이 된다. 양대 정당 중 하나인 공화당은 감세를 주장하고 민주당은 증세를 주장하며 선거 전쟁을 벌인다.

작은 정부는 감세를 추진한다. 원래 정부가 해야 하는 행정 서비스를 민간기업이 위탁받아 시행하고 기업과 부유층에 부과한 세금을 줄여 노동에 대해 인센티브를 주자는 생각이다. 기업도 가계도 세금을 줄이면 소득이 늘어나므로 되도록 많이 일하려고 한다. 그래서 경제가 활성화된다.

반면 큰 정부는 증세를 추진한다. 증세는 기업이나 부유층을 중심으로 이루어진다. 이렇게 부과한 세금을 행정 서비스에 할애해서 사회복지를 충실히 하고 빈곤층에게 돈을 풀려고 한다. 빈곤층이 돈을 많이 쓰게 되면 경제가 활성화된다는 생각이다.

정권이 바뀌면 세금 납부액도 바뀐다. 그래서 미국에서는 국민의 정치 참여의식이 높다. 정부가 국민 생활과 기업 활동에 관여하는 정도는 큰 정부냐, 작은 정부냐에 따라 달라진다. 예를 들어 앞서 나온 총수요를 늘리기 위해서는 공공사업을 시행하거나 감세를 시행하는 방법이 있다. 큰 정부는 총수요를 위해서 공공사업을 주장하고 작은 정부는 감세를 주장한다. 정부의 기본적 역할은 큰 정부, 작은 정부라는 관점에 영향을 받는다.

정부는 국민의 경제활동을 보장한다

─ 자원배분 ─
Resource Allocation

시장의 자동조절 작용

정부가 아무리 GDP(국내총생산)를 증대해 경제성장을 이루자고 외쳐도 사실 정부가 주도할 수 있는 범위는 매우 한정적이다.

　지금 일본은 정부가 자원을 분배해 경제를 주도하는 통제 경제가 아닌 시장 경제 체제이다. 시장 경제는 기업이나 개인이 구매자와 판매자로서 자유롭게 의사결정을 함으로써 자원과 상품이 분배되는 시스템이다.

NOTE

GDP란 1년간 국내 경제활동으로 생긴 부가가치의 총합이다.
통제 경제란 정부가 주도해 경제활동을 하는 것이다. 예를 들어 상품과 서비스의 가격을 정부가 결정하는 등 규제가 많고 기업 활동이 제한되어 있다.

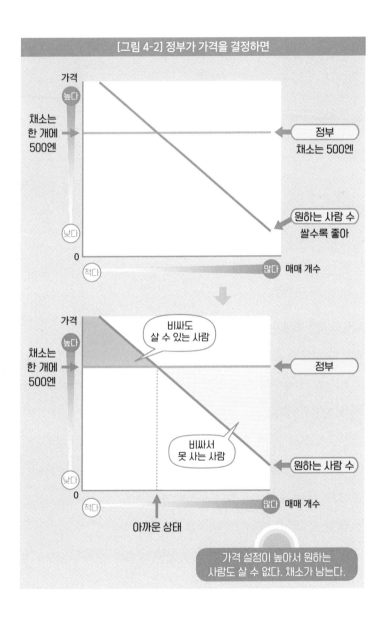

[그림 4-2] 정부가 가격을 결정하면

가격은 시장 경제의 결정 기준이 된다. 판매자가 그 상품을 팔아도 되는 가격을 제시하면 구매자는 그 가격에 반응한다. 즉 싸다고 생각하면 그 상품을 사고 비싸다고 생각하면 다른 상품을 산다.

그러므로 판매자는 구매자가 이 가격이면 사겠다고 생각하는 수준까지 가격을 내린다. 구매자와 판매자가 서로 수긍하고 거래를 하는 점, 이것이 균형점이다. 시장에는 이런 형태의 거래가 지속적으로 이루어진다.

통제 경제 체제에서는 정부가 상품과 서비스의 가격을 결정한다. 반면 시장 경제에서 가격은 시장의 자유의사에 맡긴다. 수요와 공급의 상호작용 때문에 자연스럽게 균형점으로 조정되어 자원 배분이 효율적으로 이루어진다. 이것을 자동조절 작용이 기능한다고 한다.

NOTE

균형점은 시장에서 구매자(소비자)가 사고 싶은 수량인 수요량과 판매자(기업)가 팔고 싶은 수량인 공급량이 일치하는 점을 말한다. 시장 경제하에서는 균형점에서 매매가 성립하며 거래된다. 또 균형점의 가격을 균형가격, 수량을 균형수량이라고 한다. 가격의 자동조절 작용이란 가격이 균형점보다 높은 경우에는 균형점을 향해 내려가고 가격이 균형점보다 낮은 경우에는 균형점을 향해 올라가는 것을 말한다.

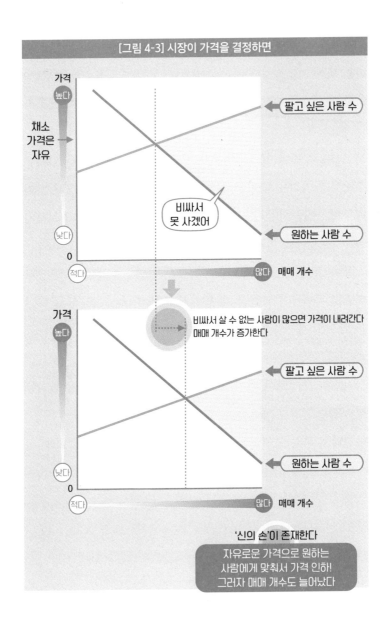

[그림 4-3] 시장이 가격을 결정하면

국민의 재산권 지킴이

정부의 역할은 자동조절 작용이 기능하도록(물가가 자동적으로 조정되도록) 시장 환경을 정비하는 것이다. 이것은 정부의 재정 정책의 3가지 역할 중 하나인 자원 배분이다.

그런데 '자동조절 작용이 기능하지 않는', 즉 시장의 자원 배분이 건전하게 기능하지 않는다는 것은 어떤 경우일까? 대표적인 예로 재산권이 명확하게 설정되지 않거나 시행되지 않는 경우가 있다. 이때 시장은 효율적으로 자원 배분을 하지 못할 가능성이 있다. 시장 경제를 채택한 정부의 중요한 임무 중 하나로 국민의 재산권을 설정해 그것이 지켜지도록 법률을 제정·시행하는 것이다.

재산권에는 자신이 소유한 재산을 타인이 멋대로 이용하지 못하게 할 권리(타인을 배제할 권리), 또 자원의 소유권·이용권을 타인에게 양도할 권리가 포함된다. 그로써 자원의 소유자는 자원을 현재 사용하는 편이 나을지 미래를 위해 보존해두는 것이 나을지 결정할 수 있다. 이것이 재산권이다.

만약 정부가 토지를 소유한 사람에게 타인이 마음대로 토지를 이용할 수 없다고 보장하지 않는다면 토지는 먼저 사용한 사람이 임자가 되고 만다. 아무도 마음 놓고 토지를 재산으로 삼을 수 없게 되며 토지를 이용하는 것 자체에 불안을 느낄 수밖에 없다. 그러면 앞으로 그 땅에 집을 짓는다거나 지가가 오르면 매도한다는 계획조차 세우지 못하고 곧바로 팔아치우려 하지 않을까? 언제 남이 마음대로 자기 땅을 사용할지 알 수 없기 때문이다.

또는 자신이 광대한 토지를 갖고 있는데 그 땅에서 원유나 광물이 산출된다고 하자. 그런데 자신은 그 자원을 판매할 권리가 없다면 어떤 일이 일어날까? 광대한 토지의 관리비용을 부담하기만 해야 하므로 아무도 토지를 소유하려 하지 않을 것이다. 또 광산이나 원유를 구매하거나 발견해서 한 재산 쌓겠다는 인센티브(유인)도 사라진다. 그러면 광산이나 원유가 발견되지 않을 것이다.

즉 개인의 재산권을 인정한다는 것은 사람들이 경제활동을 하도록 독려하는 인센티브다. 인센티브가 있어서 사람들은 여러 다양한 사업적 활동을 시도하고 그 결과 국가 경제가 활성화된다. 이런 재산권 보호와 계약 이행을 보장하는 시스템(법률과 재판소)이 없으면 질서를 유지할 수 없다. 이렇게 개인의 경제활동을 보장하는 것이 정부의 역할이다.

정보 비대칭성과 외부성

기울어진 운동장
Uneven Playing Field

충분한 정보와 적절한 경쟁이 중요하다

정부는 기업과 소비자에게 충분한 정보를 제공하고 적절한 경쟁을 확보할 수 있도록 돕는다. 시장이 효율적으로 기능하려면 적절한 경쟁이 일어나야 하고 참가자가 판단하기에 충분한 정보가 제공되어야 하기 때문이다.

'충분한 정보'란 소비자와 기업경영자가 상품에 관한 정확한 정보를 파악할 수 있는 것을 말한다. 정보가 충분해야만 소비자와 기업경영자가 적절한 선택을 할 수 있다. 소비자가 가격을 보고 기업과 거래하는(상품과 서비스를 구매) 것은 그 상품에 어느 정도 품질이 보장되어 있다고 신뢰하기 때문이다.

다만 의료 분야와 같이 전문적인 서비스는 '정보 비대칭성'이 크기 때문에 판매자에게 유리한 시장이 되기 쉽다. 그런 일을 방지하기 위해 정부는 면허제도를 도입하는 등 다양한 규제를 설정한다.

적절한 경쟁이 성립하려면 먼저 생긴 기업(선발 기업)이 시장을 독점해서 상품 가격이나 품질을 마음대로 설정하는 상태가 되지 않게 해야 한다. 예를 들어 한 기업이 시장을 거의 독점하고 있는 업계에 새로운 기업(후발 기업)이 진입한 경우를 생각해 보자. 선발 기업은 시장을 독점하고 있으므로 원료를 대량으로 매입해 비용을 낮게 잡을 수 있다. 즉 가격 주도권을 쥐고 있다. 이 상태에서 가격경쟁이 벌어지면 후발 기업은 선발 기업을 상대할 수 없다. 후발 기업이 망해서 다시 시장이 독점 상태가 된 뒤, 선발 기업은 가격을 인상하면 그만이다. 이렇게 선발 기업이 가격을 마음대로 결정할 수 있는 시장은 효율적 시장이라고 할 수 없다.

제삼자에게 예기치 못한 영향을 끼치는 외부경제

자, 그러면 적절한 경쟁이 생기고 충분한 정보도 갖추었다고 하자. 하지만 시장 거래는 예기치 못한 효과를 내기도 한다. 기업의 최대 목적은 이윤의 극대화다. 이 목적을 달성하는 과정에서 기업은 공해나 환경문제를 일으킬 수도 있다. 트럭이 배출하는 배기가스나 소음, 공장 매연, 배수에 의한 수질오염 등이 이에 해당한다. 이것들은 시장이 아닌 전혀 다른 곳에서 예기치 않게 발생하는 문제다.

이런 공해나 환경문제를 경제학에서는 (부의) 외부성이라고 한다. 외부성은 상품 생산과 소비를 할 때 그 주체가 되는 생산자와 소비자 외의 제삼자에게 예기치 않게 영향을 주는 것을 말한다. 공해와 환경문제는 생산의 외부불경제라고도 하며 생산과정에서 타인의 환경이나 건강에 나쁜 영향을 미친다.

이에 대한 대책으로 배출량에 따라 세금을 부가하는 방법 등이 고려된다. 지금은 특히 중국의 환경오염 문제가 심각하며 언론매체에도 종종 보도된다. 석탄 연료를 사용하는 공장과 발전소, 또 각 가정에서 이용하는 난방의 매연(이산화유황)과 자동차 배기가스(질소산화물)가 공기 중에 쌓인 결과 중국 전역의 4분의 1이 유해 물질을 함유한 짙은 안개에 덮이는 등 심각한 사회문제로 대

외부불경제(부의 외부성)는 나쁜 영향을 미치지만 이와 반대로 제삼자의 환경과 건강에 좋은 영향을 미치는 '외부경제(생산의 외부경제와 소비의 외부경제)'도 있다. 예를 들어 댐 공사를 하는 목적은 발전과 치수이다. 이 거래의 참가자는 정부, 댐 건설업체, 전력회사, 소비자이다. 그런데 댐이 완성되면 인근 주민이나 댐의 전력과 치수와는 관계가 없는 지역 관광사업에도 도움이 된다.

생산이나 소비의 외부불경제를 시장의 실패라고 한다. 이렇게 시장 경제의 빛이 도달하지 않는 곳에 빛을 보내는 것이 정부의 중요한 역할이다. 다만 정부가 관여해야 하는 범위에 관해 '최대한 넓게'라는 큰 정부를 표방하는 사람과 '최대한 기업에 맡겨야 한다'라는 작은 정부를 표방하는 사람 사이에 의견이 첨예하게 갈릴 뿐이다.

두됐다. 이런 문제를 해결하려면 공해를 내부화(시장을 경유하게 하는)해야 한다.

또 소비 단계에서도 타인에게 나쁜 영향을 미칠 수 있다. 생활 배수, 배기가스, 소음, 흡연이 이에 해당한다. 이것도 이용자에게 과징금을 부과해서 내부화(규제)하는 것이 가능하다. 이것을 소비의 외부불경제라고 한다.

모든 국민이 사용할 수 있는
사회 인프라와 공공 서비스

공공재
Public Goods

돈을 내도, 돈을 내지 않아도 혜택은 똑같다

다리, 도로, 고속도로, 공원 등 모든 사람이 사용하는 것을 공공재라고 한다. 이런 공공재를 건설하는 것은 정부의 역할이다. 건설 시행자는 민간 건설회사이지만 정부가 돈을 지불한다.

시장은 우리가 원하는 거의 모든 것(사적인 재화)을 공급한다. 하지만 공공재와 같은 상품과 서비스는 좀처럼 이익이 되지 않으므로 시장이 투자해서 생산하진 않는다. 정부가 시장에서 공급되지 않는 부분을 메우는 것이다.

공공재에는 도로나 고속도로와 같은 사회적 인프라 외에도 국방, 경찰, 소방, 초등교육과 같은 행정 서비스도 해당된다. 이러한 공공재의 공통점은 무엇일까?

통상적으로 사적 재화는 개인이 소비(이용)하면 없어지지만, 공공재는 모든 사람이 함께 이용할 수 있는 상품이다. 또 사적 재화는 돈을 내지 않는 사람이 이용할 수 없지만, 공공재는 돈을 내지 않아도 누구나 자유롭게 이용할 수 있다. 이것을 소비의 비경합성이라고 한다. 그런데 누구나 자유롭게 이용할 수 있다는 점에서 무임승차 Free riding도 발생한다.

이번에는 경찰의 치안 활동에 관해 생각해보자. 경찰이 유지하는 안전(치안 서비스)은 세금을 내는 사람만 골라서 공급하지 않는다. 또 세금을 내지 않는 사람에게만 공급을 중단하지도 않는다. 이것을 비배제성 또는 배제불가능성이라고 한다.

만약 민간업체가 이런 공공재를 제공하려고 하면 과소공급 상태에 빠져 모든 국민이 혜택을 제공받지 못할 것이다. 민간기업의 경우, 대금을 지급하지 않는 사람이나 인구가 적은 지역에 상품과 서비스를 제공하면 손실이 점점 커진다. 그렇게 되어도 제공을 중단하지 못한다면 어떤 기업도 시장에서 상품과 서비스를 판매하려 하지 않을 것이다.

공공사업으로 GDP를 증대하는 방법

앞서 GDP를 증대하려면 노동의 질도 증대해야 한다고 했다. 즉 미숙련 노동자가 교육을 받아 숙련 노동자가 되어야 한다. 노동자의 질을 높이는 교육은 정부가 해야 한다.

또 삶의 수준이 향상되려면 도로 외에도 대형 병원이나 운동장, 대강당이 있어야 한다. 이렇게 정부가 기업 대신 돈을 쓰는 것을 공공사업이라고 한다.

공공사업을 시행하면 그 사업을 인수한 기업은 이익을 얻을 수 있고 노동자 급여도 상승한다. 결과적으로 GDP가 늘어나니 일석이조다. 정부가 나서서 적극적으로 공공재를 제공해야 한다는 것이 '큰 정부'를 표방하는 사람들의 생각이다.

그런데 큰 정부는 큰 문제를 갖고 있다. 정부가 사용하는 돈이 바로 우리가 내는 세금이라는 것이다. 일단 세금으로 비용을 지급하고 부족한 부분은 국채를 발행해서 충당하는데, 그 돈도 한계가 있다. 반대로 '최대한 기업에게 맡겨야 한다'라는 것이 '작은 정부'를 표방하는 사람들의 생각이다.

트레이드오프는 정부도 예외 없다

정부는 세금으로 활동을 하는데 당연히 세금은 무한하지 않으므로 필연적으로 정부가 공급할 수 있는 공공재(사회적 인프라, 행정 서비스)도 무한하지 않다. 경제학적으로 말하자면 가계나 기업과 같이 정부의 경제활동도 희소성에 직면해 있다.

자유롭게 쓸 수 있는 소득(처분가능소득)이 한정된 가계의 경우, 우선순위를 세워서 상품을 산다. 그와 마찬가지로 정부의 경제활동도 예산을 짜서 제한을 둔다. 어떤 공공재를 제공할 것인지 우선순위를 세워야 한다.

예를 들어 넓은 국유지가 있다고 하자. 그 땅에 운동장을 만들기로 했다면 운동장 이외의 용도로 쓸 수 없는 트레이드오프가 발생한다. 또, 어느 시의 시의회에서 1,000만 엔을 예산 배분하는 내용이 심의되었다고 하자. 시의회에는 다음과 같은 3가지 대안이 제출되었다.

대당 250만 엔인 경찰차를 4대 구매하는 대안, 고령자시설 2곳을 보수하는 대안(1곳에 500만 엔), 테니스장 2곳을 건설하는 대안(1곳에 250만 엔)이라는 3가지 대안이다. 이렇게 여러 정책 대안이 나올 경우, 시의회는 무엇을 선택하고 어떻게 예산을 지출해야 할까?

이때 효율적으로 의사결정을 하기 위해서 비용편익분석Cost-Ben-efit Analysis을 한다. 여러 대안 중 어느 것이 효율적인지(최적 수준인지) 결정하는 것이다.

비용편익분석을 할 때는 1엔의 재정지출(비용)이 1엔 이상의 가치(소득 증가·편익)를 창출하는지, 또 가치를 창출한다면 어느 정도인지 규모를 비교하여 선택한다.

시는 최적 수준을 결정하기 위해 계획을 세우고 그 계획에 따라 공급되는 공공재를 늘리거나 줄일 때의 비용과 편익(소득 증가)을 비교해야 한다. 즉 현명한 선택이 필요하다는 말이다.

예를 들어 경찰차를 2대 구매하고 고령자시설을 1곳만 보수하면 딱 1,000만 엔이 된다. 이 경우 테니스장 건설은 연기해야 한다. 또는 테니스장을 2곳 건설하고 고령자시설을 2곳 보수하면 1,000만 엔이다. 이때는 경찰차 구매를 연기해야 한다.

또는 경찰차를 1대 구매하고 테니스장을 1곳만 건설, 고령자시설을 1곳만 보수하면 딱 1,000만 엔이 된다. 그러면 3가지 대안을 모두 부분적으로 달성할 수 있다. 하지만 보수공사나 건설은 한 번에 하는 편이 비용이 덜 들 수도 있으므로 이게 정말 올바른 선택인지는 생각해볼 여지가 있다.

사실 정부가 공공재에 대한 지출을 결정할 때 확실한 정답은 없다. 대안을 검토하면서 가장 좋다고 생각하는 것을 선택할 뿐이다.

좋은 정치가는 여러 대안 중에서 최선(이라고 생각되는)의 대안을 선택하고, 그것이 최선인 이유를 사람들에게 설명할 수 있는 사람이다. 여기에서 '최선'의 판단기준은 경제적 효율성 유무이다. 가계와 기업처럼 정부도 한정된 예산에서 국민의 경제적 목표를 달성해야 한다. 목표에는 경제효율, 경제적 자유, 경제적 안전보장, 경제적 공평, 완전고용, 경제성장, 물가 안정 등을 꼽을 수 있다. 이 목표를 두고 정부는 우선순위를 설정해 경제를 운영해야 한다.

정부도 완전한 존재가 아니다

정부의 실패
Government Failure

경제적으로 정당화할 수 없는 정책

시장이 결정하는 자원 배분에 관해서 개인이나 이익집단이 불만을 품었을 때, 정부는 보통 직접적으로 소득재분배(재정정책의 3가지 역할 중 하나)를 한다. 또 정부 시책의 부산물로써 간접적으로 소득재분배도 이루어진다.

예를 들어 자원 배분의 혜택을 받은 사람들로부터 세금을 많이 징수해 그것을 불만을 품은 개인이나 집단에 분배하는 것이다. 소득세의 누진과세가 여기에 해당한다. 이익을 얻은 사람일수록 그 사회의 시스템을 효과적으로 사용한 것이니 사회에 사용료를 지급한다는 논리다(상속세도 마찬가지다). 그와 동시에 정부는 빈곤한 사람의 생활을 보조한다. 이런 경우 비용과 편익(소득 증가)을 설정·평가해 누가 이익을 얻고 누가 비용을 부담하는지 파악하는 것이 중요하다.

실은 모든 국민이 정부의 시책에 대해 같은 비용을 부담하거나 같은 이익을 얻는 것은 아니다. 이것은 공교육의 비용과 이익을 생각해보면 된다. 누가 가장 이익을 얻고 누가 가장 비용을 많이 부담할까?

자녀가 없는 사람들, 자녀를 사립학교에 보내는 사람들도 공교육에 투입되는 세금을 부담하고 있다. 아이가 교육을 받게 하는 것은 미래에 범죄를 예방하는 효과가 있고, 국민 한 사람 한 사람의 지적 수준과 기술 수준이 향상해 국가 경제발전의 원동력이 되기 때문이다. 즉 제삼자의 생활에 좋은 영향을 미치는 '외부경제'라 할 수 있다.

이렇게 사회 전체가 받는 이익이 비용보다 큰 것이 확실하다면 정부는 시장 대신 나서서 서비스를 공급한다. 한편으로 어떤 정책 실현에 드는 비용이 이익보다 크다고 예상될 경우, 경제적으로는 정당화되지 않으므로 보통은 실행하지 못한다.

이점에 대해 잠깐 생각해보자. 예를 들어 실업 중인 사람을 지원하는 직업훈련 프로그램이 있는데 인당 50만 엔이 든다고 하자. 이 프로그램을 실행하는 것이 경제적으로 좋은 결정일까?

물론 실업자를 훈련하면 기술 향상을 할 수는 있을 것이다. 하지만 그 비용은 원래 다른 노동자들의 세금에서 나온 것이다. 그린데도 성삭 세금을 납부한 사람들은 그 직업훈련 프로그램을 받지 못하는 이상한 사태가 되고 만다. 경제적으로는 정당화할 수 없다는 말이다.

다만 정부는 도입한 정책의 비용이 이익보다 큰, 경제적으로는 정당화할 수 없는 정책을 펴기도 한다. 실은 시장과 마찬가지로 정부에도 결함이나 불완전한 점이 존재한다.

무역장벽이 존재하는 이유

무역장벽은 경제효율보다 다른 사회적 목표를 추구하는 것이 원인일 때도 있지만, 일반인에게 비용을 강제할 수 있는 이익집단의 행동이 원인일 때도 많다. 업계, 노동조합 등의 이익집단에서다.

무역을 예로 들자면, 관세나 수입할당제를 통해 경쟁을 피하는 기업이 상당하다. 저렴한 수입품에 대해 높은 관세를 매겨서 국산품과의 가격 차이를 없애는 방법으로 수입품의 경쟁력을 약화시킨다. 사실상 가격통제에 가깝다. 예전에 일본에서 쇠고기 수입이 규제된 시절이 있었다. 그때는 쇠고기 가격이 지금보다 훨씬 비쌌다. 미국의 요구로 규제가 완화되었고 이제는 비교적 저렴한 가격으로 쇠고기를 먹을 수 있게 되었다.

이런 가격통제는 종종 특정 이익집단이 주장한다. 그 산업 분야에 고용된 사람은 전체 노동자 중 극히 일부인데도 말이다! 이 경우의 비용과 편익(소득 증가)의 관계를 살필 필요가 있다.

시장이 효율적으로 움직이려면 '수급의 균형점에서 거래된다'는 시장원리를 정부가 보장해야 한다는 이야기부터 떠올리자. 정부의 가격통제는 시장원리 보장이라는 정부 역할과는 완전히 반대효과를 낳는다. 가격이 통제됨으로써 '가격의 자동조절 작용'이 기능하지 않는다. 그러므로 가격은 균형점까지 조정되지 않고 높은 가격에서 멈춘다. 또 공급되는 상품의 수량도 크게 감소한다.

가격통제 때문에 과소생산이나 만성적 부족 상태가 되면 소비자는 그 상품을 손쉽게 살 수 없다. 비싼 가격으로 구매한 소비자는 무역장벽의 비용을 부담하는 것이다. 판매자 측은 소비자의 부담분도 이익으로 가져가는데 말이다.

국제무역장벽(높은 관세와 규제)은 통상적으로 이렇게 국민의 비용이 국민의 이익보다 크기 때문에 원래는 채택되지 않아야 하지만, 장벽에 의해 큰 이익을 얻기를 기대하는 특정한 사람이나 집단의 지지를 받는 경우가 많다.

무역장벽으로 발생하는 비용은 많은 사람이 광범위하게 부담하는 것이 특징이다. 한 사람당 부담하는 금액이 아주 소액이므로 정작 소비자는 자신이 비용을 부담한다고 좀처럼 인식하지 못한다. 그래서 무역장벽 정책이 종종 채택되는 것이다.

정부는 증세보다 빚을 선호한다

이런 정책이 종종 시행되는 이유는 유권자, 공무원, 정치가가 자신의 정치적 결정에 따른 비용을 직접 책임지지 않기 때문이다. 정치가는 사람들에게 광범위하게 비용을 분산하여 강한 정치력을 가진 비교적 소수의 집단에 이익을 주는 정책을 실행할 인센티브(유인)가 존재한다.

이 말은 정치가에게는 '이익은 즉시 발생하고 비용 분담은 뒤로 미룰 수 있는' 정책을 우선하는 인센티브가 존재한다는 말이다. 예를 들어 감세를 하면 유권자들은 기뻐한다. 감세로 인한 구멍을 메우려면 차입금(국채)이 필요하고 미래에 그 차입금을 상환해야 하는데도 말이다.

　반대로 '비용부담을 즉시 발생시키고 이익은 미래에 얻는다'는 정책을 우선할 만한 인센티브는 거의 존재하지 않는다. 설령 이 정책이 경제적으로 뛰어나다 해도 마찬가지다. 재정적자를 삭감하려면 지금 당장 증세를 해야 하지만 유권자는 재정적자 삭감에 따른 미래의 차입금 상환에 관해 이점을 거의 느끼지 못한다.

　그래서 정부는 빚을 지는 쪽을 택한다. 증세는 유권자에게 전혀 매력적이지 않기 때문에 정책으로 성립하기 어렵다. 빚(국채)을 지는 정책이 더 손쉽다. 큰 정부의 입장에서는 당연히 지출이 증가한다. 특히 국민에게 다양한 서비스를 하거나 실업자를 많이 고용하는 정책을 취하면 비용이 부풀어 오른다. 그 지출을 위해 증세를 할지 국채(차입금)를 발행할지에 따라 다시 입장이 갈린다.

　유권자가 반기지 않는 증세라는 방법을 택하는 정치가는 적고 유권자가 반기는 빚(국채)을 지는 방법을 선택하는 정치가는 많으므로 나라의 차입금(누적 채무잔고)은 점점 쌓여만 간다.

정부의 활동자금을
세금 이외에서 조달하는 방법

국채
Government Bond

정부도 빚을 진다

정부가 활동하려면 돈이 필요하다. 하지만 정부는 기업이 아니므로 비즈니스를 해서 돈을 벌 수는 없다. 그 대신 국민에게 세금을 거두어서 활동 자금을 조달한다.

그렇지만 세금만으로 나라 살림을 꾸려가지는 못한다. 그래서 나라의 차입금을 채권이라는 형태로 만들어(국채) 소비자, 기업, 은행, 외국 정부 등에 판매하여 돈을 모은다. 정부는 구매자에게 정기적으로 이자를 지급하면서 일정 기간 후에 약속한 금액(액면 금액)을 지급한다.

국채는 민간기업이 발행하는 채권(회사채)과 달리 정부가 발행하여 원금과 이자를 보증하기 때문에 신뢰도가 가장 높은 편이다. '갚지 못할 수도 있다'라는 신용 리스크가 상당히 낮다고 할 수 있다. 설령 갚지 못하는 때가 온다면 나라가 파탄 날 때이므로 그때는 돈이 문제가 아닐 것이다. 그런 의미에서 국채는 안정적 금융상품이라 할 수 있다. 불경기이거나 주식시장이 혼란스럽거나 경제 향방이 불투명할 때 사람들은 국채를 사고 싶어 한다.

국채는 신용도가 높지만, 이자는 높지 않다(일본 국채의 최저 이율은 0.05퍼센트). 그러다 보니 주식시장이 호조를 보이거나 경기가 좋고 수익률이 높은 금융상품(주식 등)이 있으면 사람들은 국채를 팔고 금융상품을 매수한다. 불경기일 때는 국채 인기(가격)가 오르고 경기가 좋을 때는 국채 인기(가격)가 하락한다.

말하자면 국채의 인기는 경기의 바로미터인 셈이다. 바로미터란 국채를 매수해 얻을 수 있는 일정 기간의 이자, 즉 이율을 말한다. 따라서 경기가 좋을 때는 국채 이율이 올라가고 경기가 나쁠 때는 국채 이율이 떨어진다.

국채 이율(장기금리)을 보면 경기가 보인다

국채 이율은 국채의 가격과 정반대로 움직인다. 간단히 국채에 관해 설명해보면, 국채 등 채권은 원칙적으로 정해진 이자를 정기적으로 받고 만기일이 되면 발행 시 약속된 금액(액면 금액)이 환급(상환)된다.

채권은 신규 발행 채권과 기존 발행 채권으로 나뉜다. 신규 발행 채권의 판매가격은 채권 발행자(국채는 정부)가 결정한다. 이것을 발행가격이라고 한다. 국채 만기는 2년, 5년, 10년, 20년 등 장기이므로 만기가 되기 전에 경기가 변동된다. 그에 맞춰서 국채 가격도 변한다. 그래서 사람들은 경기 변동에 따라 국채를 팔기도 하고 사기도 하는 것이다. 기존 발행 채권을 취급하는 유통시장이 있다. 유통시장에서 거래되는 가격은 수요와 공급의 균형으로 정해진다.

만약 당신이 국채를 보유하고 있다가 팔려고 할 때 국채 가격은 발매했을 때의 발행가격보다 훨씬 낮을 수도 있고 비슷한 가격일 수도 있다. 상환일에는 나라에서 액면 금액을 지급하므로 상

NOTE

현재, 일본의 총 국채는 약 988조 엔으로 GDP 대비 약 240% 수준이다. 또 2017년 국채 이자로 나가는 비용(국채비)은 약 23조 엔이다. 이것은 일반회계 예산의 세출 전체(약 97조 엔)의 24%를 차지한다. 일본의 국채 중 89%는 일본 국민과 기업이 소유한다. 그중 일본은행이 40%, 은행, 생명보험사 등이 각각 20%를 차지한다.
https://www.mof.go.jp/jgbs/reference/appendix/breakdown.pdf
금융상품이란 은행 등 금융기관이 취급하는 보통예금 외 이자가 붙는 상품을 말한다. 주식, 투자신탁 등이 여기에 해당한다.

환일에 가까워질수록 시장의 국채 가격은 액면 금액에 근접한다.

예를 들어 국채를 발행가격보다 싼 가격으로 샀다고 하자. 구매가격과 상환일에 지급되는 액면 금액과의 차이가 클수록 이익도 커진다. 이 이익을 매입일에서 상환일까지의 연수로 나눈 것(연이익)과 그동안 얻은 이자를 합친 금액을 이율이라고 한다.

여기서는 액면 10만 엔, 10년 만기, 확정이자(쿠폰)가 연 1만 엔인 채권(=고정금리부채권)을 예로 들어보자. 고정금리부채권이란 1년에 한 번 금리가 지급되고 만기 시에는 원금이 상환되는 채권을 말한다(국채가 이 유형에 해당한다). 반면 액면에서 금리만큼을 미리 할인한 가격으로 발행하고 만기 시 액면 금액이 지급되는 채권을 할인채권(제로쿠폰채)이라고 한다.

이번에는 10만 엔에 사서 1년에 한 번 1만 엔 이자를 받을 수 있고 만기에 10만 엔이 돌아오는 국채의 이율을 생각해보자. 발행가격(채권가격)은 10만 엔, 이자가 1만 엔이므로 10년간 받는 이자는 총 10만 엔이다. 이자는 1년에 한 번인 이익이므로 연수 10으로 나눈다. 그러면 1만 엔, 즉 이율은 10퍼센트이다.

그런데 5년 뒤 경기가 좋아져서 국채 인기가 시들해지면 '5년이 지난 10년물 국채'의 시장 거래 가격은 떨어지기 시작한다. 채권시장에서 국채 가격이 5만 엔이 되었다고 하면 이 시점에서

산 사람의 이율은 어떻게 될까? 이때의 이율은 이미 10퍼센트가 아니다.

5만 엔에 상환일이 5년 남은 국채를 샀다고 예를 들자. 이자는 5년분이므로 5만 엔을 받을 수 있다. 1년분은 1만 엔이다. 5년 뒤, 10만 엔으로 상환되므로 국채 가격만으로도 5만 엔이라는 이익이 난다. 이율은 1년에 한 번 지급되는 이익이므로 이 5만 엔을 5년으로 나누어 1년에 한 번 받을 수 있는 이자 1만 엔과 더하면, 1년에 2만 엔이나 받을 수 있다. 5만 엔에 대한 2만 엔이므로, 이율은 40퍼센트나 된다(이것은 예를 든 것일 뿐, 이렇게 수익률이 높은 국채는 세상에 존재하지 않는다)! 이렇게 국채 가격이 하락하면 이율이 상승한다.

여기서 이율에 관해 정리해보자.

> **POINT**
>
> • 국채 가격이 싸고 액면 금액과의 차이가 클 경우, 이율이 상승한다.
> • 국채 가격이 비싸고 액면 금액과의 차이가 작을 경우, 이율이 하락한다.

신규발행 10년물 국채 이율을 장기금리라고 한다. 10년 뒤 상

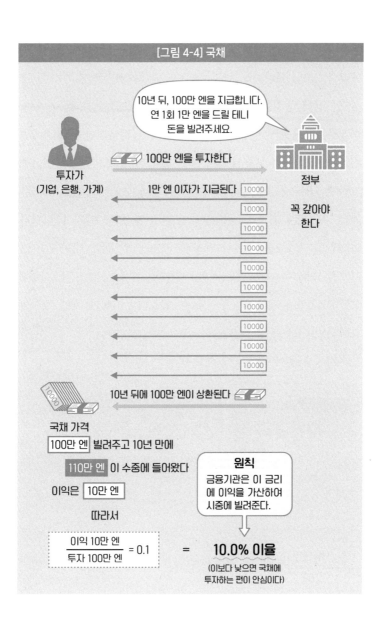

[그림 4-4] 국채

환 기간에 액면 금액은 지급되지만, 세상에 막 나왔을 때 이 국채가 시장에서 어떻게 받아들여지는가가 경기의 지표가 되는 것이다. 이 10년물 국채 인기가 많으면(국채 가격이 상승하면) 그 외에 사고 싶은 금융상품(주식 등)이 없다는 의미이므로 불경기라는 말이 된다(이율·장기금리가 인하된다).

한편 경기가 좋으면 다른 금융상품에 투자하기 때문에 국채는 인기가 없어져 가격이 하락한다(이율·장기금리가 인상된다). 국채의 개인 금융 공식은 다음과 같다.

> **POINT**
>
> - 투자가는 앞으로 경기가 좋아지리라고 생각하면 주가 상승을 예상해 국채보다 주식에 투자한다. → 인기가 떨어진 국채 가격이 하락하고 이율은 상승(장기금리 상승)한다.
> - 투자가는 앞으로 경기가 나빠지리라고 생각하면 주가 하락을 예상해 주식보다 국채에 투자한다. → 인기가 올라간 국채 가격이 상승하고 이율은 하락(장기금리 하락)한다.

장기금리가 높을 때는 경기가 좋고 장기금리가 낮을 때는 경기가 나쁘다는 사실을 알 수 있다.

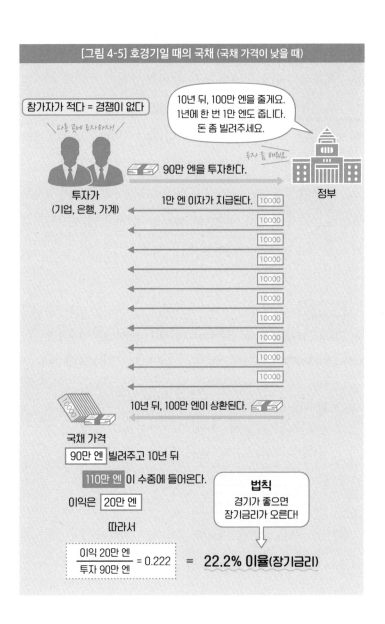

[그림 4-5] 호경기일 때의 국채 (국채 가격이 낮을 때)

[그림 4-6] 불경기일 때의 국채 (국채 가격이 높을 때)

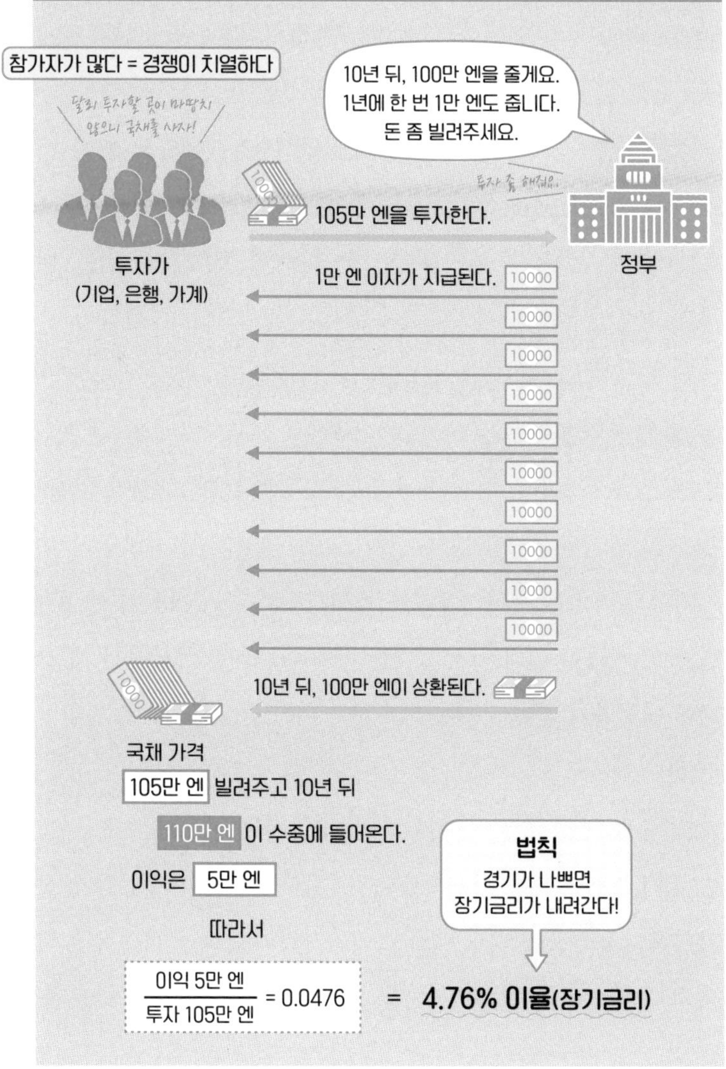

참가자가 많다 = 경쟁이 치열하다

달리 투자할 곳이 마땅치 않으니 국채를 사자!

10년 뒤, 100만 엔을 줄게요.
1년에 한 번 1만 엔도 줍니다.
돈 좀 빌려주세요.

투자 좀 해주세요.

105만 엔을 투자한다.

투자가
(기업, 은행, 가계)

정부

1만 엔 이자가 지급된다. 10000
10000
10000
10000
10000
10000
10000
10000
10000
10000

10년 뒤, 100만 엔이 상환된다.

국채 가격

105만 엔 빌려주고 10년 뒤

110만 엔 이 수중에 들어온다.

이익은 5만 엔

따라서

법칙
경기가 나쁘면
장기금리가 내려간다!

$$\frac{\text{이익 5만 엔}}{\text{투자 105만 엔}} = 0.0476 \ = \ 4.76\% \ \text{이율(장기금리)}$$

단기금리와 국채의 상관관계

단기금리와 국채의 관계는 다음과 같다.

> **POINT**
>
> - 단기금리가 떨어지면 금융상품의 금리도 하락하여 국채가 유리하다. 그러므로 국채를 원하는 사람이 늘어나 국채 가격이 오른다(= 국채 이율·장기금리가 내려간다).
> - 단기금리가 오르면 금융상품의 금리도 상승하여 국채보다 유리하다. 그러므로 국채를 매도하려는 사람이 늘어나 국채 가격이 떨어진다(= 국채 이율·장기금리가 오른다).

이런 움직임은 투자가에게는 상식이므로 금리 상승이 예상되면 국채 가격이 내려간다. 그래서 국채를 보유한 사람은 국채 가격이 내려가기 전에 국채를 매도하고 다른 금융상품으로 전환하려 한다.

즉 국채를 '사고 싶어!'하는 사람이 줄어든다. 그 결과 이번에는 국채 가격이 내려간다(= 이율·장기금리는 상승한다). 금리가 떨어지면 금융상품 금리도 따라서 내려가기 때문에 금리와 연동해서 움직이는 금융상품보다는 정기적으로 정해진 이자를 받을 수 있고 만기에 액면 금액이 돌아오는 국채를 보유한 사람이 유리하다. 그러므로 국채를 매입하려는 사람이 늘어난다. 그러므로 국채를 원하는 사람이 늘어나 가격이 오른다(= 국채 이율·장기금리는 떨어진다).

금리가 떨어질 것이리고 예상되면 부자자는 다른 금융상품을 팔고 국채 가격이 오르기 전에 국채를 매입하려고 한다.

제 5 장

국제적 분업으로
세계가 풍요로워진다

무역과 환율 경제 지식

국민 경제 이익을 최대화한다

무역
Trade

다섯 번째 경제주체, '외국'

지금까지 경제를 4가지 경제주체로 나누어 생각해봤다. 행복의 극대화를 추구하는 가계(소비자: 제1 주체), 이익(이윤)의 극대화를 추구하는 기업(제2 주체), 가계와 기업으로 구성된 경제 순환에 돈을 유통하는 금융기관(제3 주체), 한 나라의 경제성장 극대화를 추구하는 정부(제4 주체)이다(국내 교과 과정에서는 경제 주체로 '가계, 기업, 정부, 외국' 등 4가지를 제시한다. 저자는 여기에 금융기관을 더해서 5가지로 서술 - 역주).

마지막 다섯 번째 주체가 '외국'이다. 국민 경제는 외국 경제와 거래(무역)함으로써 경제성장을 꾀한다. 그로 인해 국민 경제의 이익이 극대화되고 행복이 극대화된다. 국민 경제에 또 하나의 경제주체인 외국을 더하면 국제 경제(세계 경제)가 된다. '외국' 경제 중에는 외국의 가계, 외국의 기업, 외국의 금융기관, 외국의 정부와 같은 각 경제주체가 포함되는데, 이 장에서는 일괄적으로 외국이라고 표현하겠다. 각국은 외국과 무역을 통해 경제적으로 연결되어 있다.

예를 들어 미국은 바나나, 커피, 유칼립투스 오일 등을 외국에서 수입한다. 국내에서도 이 상품을 생산할 수는 있겠지만 실제로 생산한다는 이야기는 별로 들은 적이 없다. 미국 내에서 이 작물을 굳이 비용을 들여서 재배하기보다는 다른 나라에서 수입하는 편이 저렴하기 때문이다. 이렇게 싼 상품을 수입·이용할 수 있으므로 미국인의 생활은 윤택해진다.

또 광물과 같은 자원은 세계 각국에 균등하게 매장되어 있지 않다. 원유는 중동에 중점적으로 묻혀 있고 자동차 엔진의 매연여과 필터에 필요한 백금白金은 러시아와 남아프리카 등 극히 일부 국가에서 산출된다. 이것을 생산요소의 지역적 편재라고 한다.

그렇지만 백금을 자동차 엔진에 가장 효율적인 형태로 장착하는 기술은 미국과 일본이 보유하고 있다. 이것을 생산기술의 지역적 격차라고 한다. 나라마다 잘하는 분야가 각기 다르다. 예를 들어 미국은 광물 등 자원을 수입해 자국이 잘하는 자동차나 컴퓨터에 가공해서 수출하고 그 매출 대금으로 바나나, 커피, 유칼립투스 오일을 수입하는 편이 훨씬 효율적이다.

이렇게 (강제적 거래가 아니라는 전제하에) 무역은 국제적인 분업이다. 서로 생산물을 거래함으로써 자기 나라에 이익을 가져온다. 생산요소의 지역적 편재와 생산기술의 지역적 격차를 국제적 분업으로 해소할 수 있는 것이다. 그런데 무역이 원활하게 이루어지기 위해서는 돈이 필요하다. 각국의 통화와 통화가치가 서로 다르기 때문에 그 통화를 환전해야 한다. 이것이 바로 '외환'이다.

한국, 일본, 미국 등은 변동환율제도Floating exchange rate system에 근거해 환율을 결정한다. 변동환율제도는 환율이 시장원리(통화의 수요와 공급)에 의해 결정되는 시스템이다.

환율은 '1달러에 ○○엔'과 같은, 어떤 한 나라의 통화와 다른 나라의 통화를 교환하는 비율을 말한다. 현재 일본 엔과 달러 환율은 1달러 100엔 전후다. 하지만 내일은 1달러 90엔이 될 수도 있고 모레는 1달러 110엔이 될 수도 있다. 환율은 외환시장(외국환시장)에서 정해진다.

환율도 수요와 공급으로 정한다

변동환율제도

Floating Exchange Rate System

외환시장은 세계 각지에 있다

현재 대부분의 선진국은 변동환율제도를 채택하고 있다. 변동환율제도는 수요와 공급의 영향을 받아 환율이 변동하는 시스템이다. 환율이 시장원리에 따라 수요와 공급으로 결정된다고 하지만, 앞에서도 말했듯이 환율 '시장'은 추상적인 시장이다. 즉 주식의 증권거래소처럼 환율거래소가 실제로 존재하지 않는다.

세계 각국의 은행들은 외환을 거래한다. 이 거래가 이루어지는 곳을 은행 간 거래 시장Inter Bank Market이라고 한다. 이곳에서 엔, 달러, 원과 같은 통화가 거래된다. 도쿄 외환시장의 거래시간은 오전 9시부터 17시까지다(한국에서는 서울 외환시장을 통해 오전 9시부터 15시 30분까지 외환 거래가 이루어진다 – 역주). 하지만 환율은 세계 각국에 있는 시장 어딘가에서 24시간 거래된다. 런던, 뉴욕, 도쿄를 세계 3대 외환시장이라고 한다.

그중에서도 런던의 금융 중심지 '시티'에 있는 런던 외환시장은 세계 최대 규모를 자랑한다. 런던 외환시장의 거래시간(한국시간으로 18시~오전 2시)은 뉴욕시장의 거래시간(한국시간으로 23시~오전 7시)과 겹친다. 이 두 시장의 거래가 겹치는 시간대가 세계에서 가장 거래가 활발히 이루어지는 시간대라 할 수 있다.

세계 각국의 은행 간 거래 시장과 외환시장은 밀접하게 관계를 형성하고 그 결과 환율이 결정된다. 세계 여러 나라의 외환시장에서는 다양한 통화가 매매된다. 하지만 거래의 주역은 기축통화인 미 달러이다. 기축통화란 국제 거래의 경제와 금융거래 수단으로 이용되는 통화를 말한다.

앞서 환율은 수요와 공급으로 결정된다고 했는데 그 밖에도 여러 요인의 영향을 받는다. 환율에 영향을 미치는 요소로 국제수지 상황, 경기 동향, 물가 상황 등을 꼽을 수 있다.

한국시간으로 본 세계의 외환시장의 개장시간

6시	뉴질랜드(웰링턴) 시장
8시	호주(시드니) 시장
9시	한국(서울) 시장, 일본(도쿄) 시장
10시	홍콩시장, 싱가포르 시장
15시	러시아시장, 서울 외환시장 거래 종료(15시 30분)
17시	유로(독일, 프랑스) 시장, 도쿄 외환시장 거래 종료
18시	영국(런던) 시장
23시	미국(뉴욕) 시장
24시	시카고 외환시장
26시	샌프란시스코 외환시장

환율은 다양한 요인의 영향을 받아 변동한다.

- **두 나라의 경기 변동** : 경기가 좋은 나라로 돈이 유입된다(그 나라의 통화가치 상승).

- **두 나라의 금리 차이** : 금리가 높은 나라에 투자자의 돈이 유입된다(그 나라의 통화가치 상승).

- **두 나라의 물가 상황** : 인플레이션율이 높은 나라에서 낮은 나라로 돈이 유입된다(인플레이션율이 높으면 투자한 돈의 가치가 떨어지므로, 인플레이션율이 낮은 나라로 돈이 유입).

- **두 나라의 국제수지 상황** : 수출보다 수입이 많은 무역 적자국은 수출국의 통화로 지급해야 한다. 따라서 자국의 통화가치가 떨어진다. 반대로 수입보다 수출이 많은 무역 흑자국은 수입국의 통화로 지급하므로 자국의 통화가치가 상승한다.
- **투자자의 동향** : 통화는 투자대상이기도 하다. 투자자에게 환율이 높은 통화와 낮은 통화의 차액은 곧 이익이 되기 때문에 투자자는 그때그때 어느 한쪽의 통화를 사고 다른 한쪽의 통화를 판다.

양국은 펀더멘털Fundamental(경제 기초요건)이라고 불리는 이런 요소들을 끊임없이 비교한다.

시장의 행방을 정부가 통제한다

정부의 시장 개입
Market Intervention

정부가 통화가치를 유도하는 이유

외환시장은 자유로운 거래로 변동된다. 하지만 자유롭게 거래하다 보면 생각지 못한 방향(급속한 통화가치 상승 또는 하락)으로 가버릴 가능성이 있다. 이렇게 급속한 변화를 억제하기 위해 정부가 때때로 개입하기도 한다.

이럴 때 정부의 시장(환율) 개입이 이루어진다. 정부가 중앙은행에 지시를 내려 은행 간 거래 시장에서 자국 통화와 외화를 거래하는 것이다. 일본의 경우, 일본은행(중앙은행)은 정부(재무대신)의 대리인으로 정부 지시를 따라 환율 개입 실무를 한다.

예를 들어 엔화 가치가 갑자기 상승해 일본의 수출산업에 영향이 갈 경우(1달러 100엔이었던 환율이 갑자기 1달러 80엔으로 떨어지는 등) 은행 간 거래 시장에서 엔을 매도하고 달러를 매수하는 거래를 대량으로 한다. 그러면 은행 간 거래 시장에 엔이 넘쳐나 엔의 인기가 떨어진다. 즉 엔화 가치가 하락한다.

반대로 엔저 현상이 심화되면(1달러 100엔이었던 환율이 단숨에 1달러 150엔으로 변동하는 등) 은행 간 거래 시장에서 달러를 매도하고 엔화를 매수하는 거래를 대량으로 한다. 그러면 은행 간 거래 시장에서 엔화가 부족해져 엔화의 인기가 오른다. 즉 엔화 가치가 상승한다.

다시 말해 시장에 엔화가 많으면 인기가 떨어져 엔저 현상이 나타나고 엔화가 적으면 인기가 올라가 엔고 현상이 나타난다. 이것을 시장개입이라고 한다. 여기서 구매하는 통화는 상대 국가(일본의 경우는 미국채)를 매입하는 것이 통례이므로 외화보유액이라는 항목으로 국제수지에 기재된다.

외화보유액이란 국가가 수입대금 결제 및 차입금 상환 등의 대외채무 지급을 충당하기 위해 보유하는 공적 준비자산이다(기

> **NOTE**
>
> 경상수지, 자본수지, 외화보유액 증감(정부가 각국의 국채를 사고파는 것), 오차 및 누락(금액 조정)이라는 4가지 항목으로 구성되는 수지가 '국제수지'다.

업이나 개인 등 민간이 보유한 달러는 포함되지 않는다).

공개시장운영이란

지금은 시중에 있는 통화량이 워낙 많기 때문에 한 나라가 개입한다고 해서 의도한 바대로 환율을 유도하기는 힘들다. 주요국이 동시에 환율 개입을 하는 '협조 개입'이 이루어져야 효과가 있다. 하지만 그렇게 하면 각 나라의 산업에 여러 가지 영향을 미치기 때문에 주요국은 좀처럼 협조 개입을 하려고 나서지 않는다.

최근에는 실제로 환율 개입을 하는 것이 아니라 총리나 재무담당 장관이 '엔화가 상승하는 것은 바람직하지 않다'라는 식으로 발언하여 마치 환율 개입을 한 것처럼 시장을 유도하려는 '언변 개입'이 많아졌다. 일본의 경우, 민주당이 정권을 잡았던 2011년에 14조 엔의 환율 개입을 한 것이 마지막이다.

또 중앙은행이 금리 유도를 하면 정부의 환율 개입과 동일한 효과를 얻을 수 있다. 이것이 바로 공개시장운영이다. 공개시장운영에는 '매도 운영'과 '매수 운영'이 있다고 했다(190쪽). 중앙은행이 보유한 국채를 시중은행의 돈과 교환하는 것이 매도 운영(금융 긴축)이다. 시중은행이 보유한 돈을 중앙은행이 흡수하는 효과가 있으므로 시장의 통화공급량이 감소해 단기금리가 상승한다.

반대로 중앙은행이 시중은행이 보유한 국채를 사들이는 것이 매수 운영(금융완화)이다. 중앙은행이 보유한 돈이 시중은행에 유입되어 시장의 통화공급량이 승가해 단기금리가 하락한다. 매도 운영(금융긴축)을 실행하면 시장에 유통하는 통화량이 감소하기 때문에 통화의 인기(가치)가 올라가 엔화의 경우라면 엔고 현상이 나타난다(한국의 원화라면 원고 현상이 나타난다 - 역주).

매수 운영(금융완화)을 실행하면 시장에 유통하는 통화량이 증가하므로 통화의 인기(가치)가 떨어져 엔화의 경우라면 엔저 현상이 나타난다(한국의 원화라면 원저 현상이 나타난다 - 역주).

현재, 일본은 금융완화 정책을 지속적으로 시행하고 있다. 이것은 금융완화를 통해 일본 국내의 금리를 내려 일본 내 경기를 자극하는 것이 목적이다. 또한 외국 통화에 대해 일본의 통화가치가 하락하는 효과도 있다. 일본에서 보면 금리 인상은 경기에 제동을 거는 행위다. 엔화 가치가 상승해 수출기업은 힘들어진다. 경우에 따라서는 중앙은행이 생각하는 것보다 강력한 브레이크가 되기도 한다.

반대로 금리를 인하하는 것은 경기에 액셀을 밟는 행위다. 엔화 가치가 하락해서 수출기업의 국제경쟁력이 향상된다. 엔저는 환영할 만한 일이지만 심해지면 이번에는 일본 내에서 인플레이션이나 거품이 발생한다.

POINT

매도 운영(금융긴축) → 엔화 상승
중앙은행이 보유한 국채를 시중은행의 돈과 교환한다.
→ 시장에 유통하는 통화(엔)량이 감소해 엔화의 인기가 올라가 엔고 현상이 나타난다.
즉 금리가 오르면 엔화 가치가 상승한다.

매수 운영(금융완화) → 엔화 하락
시중은행에 중앙은행이 보유한 돈이 유입된다.
→ 시장에 유통하는 통화(엔화)량이 증가해 엔화의 인기가 떨어져 엔저 현상이 나타난다.
즉 금리가 내려가면 엔화 가치가 하락한다.

아베노믹스로 왜 엔화 가치가 하락하고 주가가 올랐을까

최근 몇 년간 엔고 현상이 지속된 최대 원인은 금융완화 정책인 아베노믹스(아베 전 일본 총리의 경제 정책 – 역주) 때문이다. 이것은 '금리를 인하한다 = 엔화 가치가 떨어진다'라는 법칙으로 설명할 수 있다. 2013년 4월, 일본은행이 국채를 대량으로 사들이는 이차원 완화정책을 표명했다. 투자자를 비롯한 많은 이가 '일본은행이 국채를 대량으로 매입하기 때문에 국채 가격이 상승하고 장기금리(국채의 유통이율)는 하락할 것이다. 장기금리가 낮게 유지되면 기업에 대한 융자가 늘어나 설비투자가 증가할 것이다'라고 생각한 것이다.

엔화 가치 하락은 수출기업에 유리하기 때문에 수출기업의 실적이 올라가 경기가 호전될 것이라고도 생각했다. 이런 움직임을 예상해서인지 해외투자자가 활발하게 일본에 투자했고 도쿄 주식시장의 닛케이평균주가 지수는 상승했다. 일본경제는 확실히 좋아졌지만 이런 움직임(금리를 낮추면 엔화 가치가 하락한다)만으로 좋아진 것은 아니다. 다른 측면에서 이해하려면 다음 법칙을 알아둬야 한다. 그것은 '다우평균주가 지수가 상승하면 엔화 가치는 하락한다(달러 가치 상승)'라는 법칙이다. 다우평균주가 지수는 미국의 경제신문 〈월스트리트 저널〉의 발행처인 다우

존스사가 산출·발표하는 미국을 대표하는
주가지수다. 이 지수로 뉴욕증권거래소 주
가의 변동을 파악할 수 있다. 그래서 달러
의 인기가 오르고 엔화의 인기가 떨어지는
것이다.

물론 엔화 가치가 하락하는 것은 일본에
나쁜 이야기는 아니다. 수출기업이 활력을
찾고 일본경제도 좋은 방향으로 진행하기
때문이다. 따라서 '다우평균주가 지수가 상
승하면 닛케이평균주가 지수도 상승한다'
라는 법칙이 성립한다.

또한 유럽의 소버린 리스크sovereign risk(국제금융시장에서 자금
을 빌린 국가가 채무상환을 하지 못했을 때 발생하는 위험-역주)에 대
한 경계심이 높아지는 가운데, 각국이 금융완화 정책을 추진해
막대한 양의 돈을 시장에 풀어놓은 결과, 마침 주택시장과 고용
통계 등의 경제지표가 회복되고 있던 미국의 주식시장으로 자
금이 유입되었다. 그리하여 다우평균주가 지수는 2012년 11월
부터 상승세를 탔다. 그 기세에 힘입어 닛케이평균주가 지수도
호조세를 보였다. 닛케이평균주가 지수는 2013년 5월 3일에는

14,973.96달러라는 사상 최고치를 기록했다. 그리고 2017년 1월에는 2만 달러를 돌파, 2018년 1월에는 2만 5,000달러를 돌파했다(2021년 2월 12일(미국 현지시간), 다우 지수는 31,458.40으로 다시 한번 사상 최고치를 경신했다 - 역주).

아베 정권이 펼친 경제정책 '아베노믹스'로 엔저 상태가 되어서 경기가 좋아졌다기보다는 그것은 계기에 불과하며 실제로는 미국의 다우평균주가 지수가 호조세를 보여서 일본경제도 함께 좋아졌다고 할 수 있다.

NOTE

다우평균주가 지수기 상승하면 투자자들은 미국의 경기가 호전될 것이라고 예상하고 다우공업 관련 주식을 매수하거나 미국에 투자하기 위해 보유하고 있던 엔화를 달러로 바꾸려 한다.

국가 경제, 환율로 결정된다

환율의 영향

Effects of Changes in Foreign Exchange

환율이 기업에 미치는 영향

환율은 기업에서 가계에 이르는 모든 경제주체에 영향을 미친다. 환율이 변동하면 이익을 얻는 기업도 있지만, 손해를 보는 기업도 있다. 수입중심인 기업과 수출중심인 기업은 정반대의 영향을 받는다. 먼저 기업이 환율에 미치는 영향을 살펴보자.

수출기업이 환율에 미치는 영향은 다음과 같다.

수출기업 = 달러 매도 = 엔 매입 = 엔고 요인

예를 들어 일본의 수출기업이 미국에서 상품을 판매하면 그 대금은 기축통화인 달러로 받는다. 그리고 그 달러를 직원 급여, 국내 비용 지급, 세금 납부 등을 위해 엔으로 바꿔야 한다.

반대로 수입기업이 환율에 미치는 영향을 생각해보자. 수입기업은 미국에서 상품을 수입할 때 달러로 지급해야 하므로 일본 엔을 달러로 바꾼다.

수입기업 = 달러 매입 = 엔 매도 = 엔저 요인

다음으로 환율이 기업에 미치는 영향을 살펴보자. 엔저일 때는 어떻게 될까?

엔저는 엔의 가치가 하락하는 것이다(상품의 가치는 오른다). 일본이 수입하는 상품의 가격은 상승한다. 원래는 1달러당 100엔에 살 수 있었던 것이 120엔이 된다. 그러면 수입산업이 위축되면서 실업자가 발생한다. 수입품의 가격 상승으로 국내 물가가 상승하고 그 영향을 받아 국내 금리가 상승하기도 한다. 즉 경기에 부정적인 영향을 준다.

외국의 통화가치는 상대적으로 오르기

NOTE

원자재비 등의 상승으로 발생하는 물가 상승(인플레이션)을 비용 상승 인플레이션 Cost-push Inflation이라고 한다.

때문에 외국인들이 일본 상품을 싸게 살 수 있다. 다음으로, 엔저일 때 유리한 기업을 생각해보자. 환율이 1달러에 100엔일 때 10억 엔의 수출을 하는 기업이 있다고 하자.

엔저가 되어 1달러에 120엔이 되면 이 기업의 매출은 어떻게 될까? 달러로는 매출이 변하지 않았지만, 엔으로 환산하면 12억 엔이 늘어난다. 환율이 바뀌었을 뿐인데 매출이 2억 엔이나 증대한 것이다.

이처럼 엔저는 일본의 수출기업 매출이 증대하므로 일본의 경기에 긍정적인 영향을 준다. 엔저는 수출에 액셀, 수입에는 브레이크 역할을 한다. 엔저는 수출기업에는 ○, 수입기업에는 ×인 셈이다.

반대로 엔고가 된 경우를 생각해보자. 예를 들어 환율이 1달러 120엔일 때 수출을 해서 12억 엔 매출을 올린 기업이 있다고 하자. 그런데 엔고 현상으로 인해 1달러 100엔이 되면 어떻게 될까?

달러 베이스의 매출은 변하지 않지만 엔 베이스로는 10억 엔이 된다. 즉 2억 엔이 줄어든다. 다시 말해 엔고는 수출기업의 매출을 감소시킨다. 이 수출기업의 수입 악화는 경기에 부정적으로 작용한다.

엔고는 수출에는 브레이크, 수입에는 액셀 역할을 한다. 그런 한편으로 수입품 가격이 떨어지므로 그것이 수입품의 국내 수요를 확대해 경기에 긍정적으로 작용하는 측면도 있다. 1달러에 120엔으로 매입했던 상품이 100엔이 되는 셈이니 수입업자는 환영이다. 엔고는 수출기업에는 ×, 수입기업에는 ○인 셈이다.

엔고가 되면 수출기업이 해외에 상품을 파는 가격이 비싸지기 때문에 판매하기 힘들어진다. 지금의 일본은 수출로 이익을 내서 국가 경제가 성장을 하고 있으므로 수출기업이 판매 부진에 빠질 수 있는 엔고 현상을 지양한다. 그래서 일본 정부는 어느 정도 엔고 달러 약세를 유지하기 위해 환율시장에 개입한다. 기업도 선물환 거래를 하는 등 환율의 변동 리스크에 대처하려 한다.

> **NOTE**
>
> 선물환 거래는 미래 특정일의 환율을 현시점에서 미리 정해두는, 즉 얼마의 환율로 거래할지 정하는 것이다. 환율의 변동 리스크를 최소화하기 위한 선물거래의 일종이다.

환율이 가계에 미치는 영향

환율은 가계에도 영향을 준다. 환율이 변동하면 득을 보는 가계도 있고 손해를 보는 가계도 있다. 엔고일 때는 해외에서 수입품을 저렴하게 살 수 있다. 그러므로 식료품과 연료비가 싸진다.

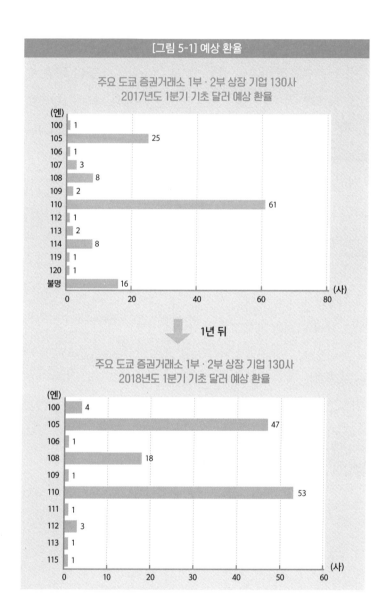

[그림 5-1] 예상 환율

주요 도쿄 증권거래소 1부 · 2부 상장 기업 130사
2017년도 1분기 기초 달러 예상 환율

1년 뒤

주요 도쿄 증권거래소 1부 · 2부 상장 기업 130사
2018년도 1분기 기초 달러 예상 환율

가계에서는 수입이 많지 않아도 충분히 생활할 수 있다. 그러나 엔고는 수출기업에는 실적을 악화시키는 요인으로 작용하므로 기업이 정리해고를 단행할 수도 있다. 그러면 실업이나 수입 감소라는 형태로 악영향을 입는 가계가 나타난다.

반대로 엔저일 때는 수출기업에는 실적이 호전되는 요인이므로 기업은 고용을 늘리고 급여를 인상한다. 그러면 가계의 살림살이가 나아진다. 하지만 엔저는 해외에서 수입품 가격이 상승한다. 식료품이나 연료비, 원재료비가 상승한다. 수입품 가격이 오르면 국내 물가가 상승한다. 예를 들어 유가가 상승하면 어업과 물류 산업에도 영향을 미쳐서 얼핏 관련이 없어 보이는 상품까지 비싸질 수 있다.

수입이 별로 증가하지 않으면 물가가 상승함에 따라 생활이 어려워지는 것이다. 엔고와 엔저는 각기 긍정적, 부정적인 면이 공존한다는 말이다.

감수 이혜경

중앙일보 이코노미스트 산업팀 기자, 한경닷컴 증권팀 기자, 조선일보 이코노미플러스 금융팀 기자, 한국투자교육연구소 투자뉴스팀장, 아이뉴스24 경제금융팀장으로 17년간 경제·금융·증권 전문기자로 일했다. 기자 생활을 주로 돈이 흘러 다니는 길목에서 보냈다. 지금은 돈 문제를 두루 다루는 작가 겸 번역가로 인생 후반전을 열고 있다. 역서에 《현금의 재발견》《패자의 게임에서 승자가 되는 법》이 있다.

미국 고등학생이 보는 경제교과서

주린이 경제 지식

초판 1쇄 발행 2021년 4월 1일

지은이 오가와 마사토
옮긴이 오시연
감수 이혜경

펴낸이 이형도
펴낸곳 (주)이레미디어
전화 031-908-8516(편집부), 031-919-8511(주문 및 관리) | **팩스** 0303-0515-8907
주소 경기도 파주시 회동길 219, 사무동 4층
홈페이지 www.iremedia.co.kr | **이메일** www.iremedia.co.kr
등록 제396-2004-35호

편집 정슬기, 심미정 | **디자인** 늦봄 | **마케팅** 최민용
재무총괄 이종미 | **경영지원** 김지선

ISBN 979-11-91328-08-0   (03320)

• 가격은 뒤표지에 있습니다.
• 잘못된 책은 구입하신 서점에서 교환해드립니다.

당신의 소중한 원고를 기다립니다. mango@mangou.co.kr